2015 개정 교육과정 반영

교과서로 만나는 역사체험 이야기

초등역사교육연구회 저

2

초등 사회 교과과정 연계

교육과학사

머리말

학생들의 역사에 대한 관심을 높이고, 올바른 역사 인식을 제고하기 위해 교육부는 몇 년 전「역사교육 강화 방안」을 발표하였습니다. 최근 학생들의 역사인식 부족에 대한 우려가 커지면서 대한민국 국민으로서 올바른 역사인식을 갖춘 인재를 길러야 한다는 사회적 요구에 따른 것입니다. 여기서 중요한 것은 기존의 지식 전달 중심의 역사 수업을 협력학습이나 체험형 수업 등 학생 중심 참여 수업으로 전환한다는 것입니다.

우리 조상들의 얼이 담겨있는 대한민국 각지의 장소들을 방문하며 보고 만지고 느끼는... 다양한 체험활동 속에 살아 있는 역사교육이 가능하리라 생각이 됩니다.

이 책은 초등학교 사회교과서에 등장하는 인물과 사건에 대한 체험 요소가 담긴 장소들에 대한 체험서입니다.

이 책을 통해 학생들 모두가 작은 역사가로서의 활동을 하기를 기원합니다. 끝으로 이 책을 만들기 위해 노력해주신 초등역사교육연구회 선생님들께 감사의 말씀을 드립니다.

초등역사교육연구회

추천의 글

이동원(경인교육대학교)

저의 직업상 사회 수업을 매개로 초등학생들을 만날 기회가 많습니다. 사회과교육 전공자인 저로서는 아이들이 사회 수업을 흥미로워하고, 스스로 넓이와 깊이를 더해가며, '나'와 '우리'의 삶과 그 속에서 만들어지는 '관계'에 관심을 더해가길 바랍니다. 하지만 아이들은 사회 수업을 그리 좋아하는 것 같지는 않습니다. 많은 학생들은 사회 하면 숙제가 많은 수업, 어려운 낱말을 외워야 하는 수업, 선생님의 설명을 수동적으로 들어야 하는 수업, 그래서 싫은 수업으로 낙인찍습니다. 특히 초등 사회과 내 반만년 역사를 연대기로 공부해야 하는 역사수업의 경우 이러한 문제 상황은 더욱 심해집니다.

그런데 이상한 일이지요? 간혹 초등학생 중 특정 주제에 대해서는 역사학자에 버금가는 한국사 지식을 뽐내는 꼬마 역사학자를 보곤 합니다. '이순신'과의 사랑에 빠진 이 꼬마 역사학자는 이순신의 출생과 성장, 전투, 사망에 이르는 계보는 물론 임진왜란의 전개과정, 세계 해군사에서 이순신의 의미 등, 듣고 있는 이가 귀찮을 정도로 자신의 사랑의 넓이와 깊이를 드러냅니다. 물론 이 꼬마 역사학자의 문제점은 이순신에게만 그 사랑이 차고 넘친다는 점이지요. 이순신에게만 빠져있는 이 꼬마 역사학자, 문제가 많은 건가요? 사회 공부 제대로 하고 있는 건가요?

저의 편견입니다. 초등학생들이 사회 공부를 통해 수많은 사실적 지식을 많이 얻어 ○○퀴즈대회에서 1등하기보다, 제한된 주제라도 자신이 흥미 있어 하는 주제에 대해 스스로 공부하고, 그 과정 속에서 배운

힘으로, 혼자가 아닌 친구들과 다양한 영역에 대한 관심을 넓혔으면 합니다. 전술한 이순신과 사랑에 빠진 꼬마 역사학자의 관심이 한반도와 동북아의 전쟁사, 동북아 국제정치와 외교사에 대한 관심으로 확장되었으면 합니다. 그래서 이 꼬마 역사학자가 고등학교를 거쳐 대학이나 사회에 나가서는, 조금은 부족해도 이순신을 매개로 한국사, 우리 민족에 대한 자신의 관점을 얘기할 수 있기를 기대합니다.

이러한 기대를 품고 있는 저에게, 그 기대를 구현할 또 하나의 실천적 대안을 보게 되었습니다. 초등학생들의 역사 수업을 초등학생의 입장에서, 체험과 협력을 바탕으로, 자기 주도성을 높여줄 이야기 자료, 『교과서로 만나는 역사체험 이야기』입니다. 이 책은 초등학생들이 역사 공부를 하면서 필수적으로 학습해야 할 인물과 사건, 장소를 알기 쉽고 흥미롭게 소개함은 물론 체험 학습 시 필요한 정보, 관련 사이트, 사전준비 사항과 구체적인 활동 아이디어 등을 수도권과 전국으로 구분하여 제시하고 있습니다. 이 책 두 권만 있으면 초등 사회 역사수업에 나오는 인물과 사건, 장소의 역사체험학습 준비가 마무리될 수 있는 것이지요. 특히 이 책이 초등학생들의 흥미와 수준을 잘 이해하고 대안적 초등 역사수업을 꿈꾸는 '초등역사교육연구회' 교사들의 결실이라는 점도 저의 관심을 끕니다.

현장 교사와 학생들의 좋은 사회과 역사수업에 이 책이 기여하길 바랍니다. 그 기여에 힘입어 또 다른 주제의 초등학생용 역사체험서의 출간도 기대해봅니다. 아이들이 '사람'을, 그 사람이 만든 '사회'를 따뜻이 이해하고 사랑하는 그날도 기대해 봅니다.

추천의 글

김정인(춘천교육대학교)

역사 공부를 하다 보면 많은 문화재들을 만나게 됩니다. 전국 방방곡곡 흩어져 있는 유적지들이 책을 넘길 때마다 불쑥불쑥 등장합니다. 주말이나 방학에 짬을 내어 직접 유적지를 찾아 떠나는 여행을 역사 체험 학습이라고 합니다. 체험 학습을 가려면 참 많은 준비가 필요합니다. 어떤 교통수단을 타고 가야 하는지 알아봐야 하고 먼 곳이면 잠잘 곳이 있는지도 살펴야 합니다. 멋진 유적지라고 무턱대고 달려갈 수도 없습니다. 꼭 필요한 정보는 미리 챙겨야 합니다. 다녀온 후에는 보고 듣고 느낀 점을 잘 정리해 놓아야 머릿속 지식과 마음속 감동이 오래 남을 것입니다.

'교과서로 만나는 역사 체험 이야기'는 바로 멋진 역사 체험 학습을 준비하고 마칠 때까지 훌륭한 길잡이가 되어 줄 수 있는 책입니다. 가고 싶은 유적지를 찾아 펼치면, 어떻게 역사 체험 학습을 해야 할지가 한눈에 쏘옥 들어오는 책입니다. 역사 체험 학습에 깊은 관심을 갖고 계신 초등학교 선생님들이 초등학생의 눈높이에 맞춰 구성한 맞춤형 역사 체험 학습 안내서이기 때문입니다.

자, 역사책을 읽다가 또는 역사 공부를 하다가 알게 된 유적지를 어떻게 찾아갈까 궁금하다면 바로 이 책을 펼쳐 보십시오. 그 순간부터 벌써 유적지에 와 있는 듯한 기분이 들 것입니다.

차례

2

경 복 궁

조선시대에 만들어진 다섯 개의 궁궐 중 첫 번째로 만들어진 경복궁은 조선 왕조의 법궁입니다. 한양을 도읍으로 정한 후 종묘, 성곽과 사대문, 궁궐 등을 짓기 시작하는데 1394년 공사를 시작해 이듬해인 1395년에 경복궁을 완성합니다. '큰 복을 누리라'라는 뜻을 가진 '경복(景福)'이라는 이름은 정도전이 지은 것입니다. 왕자의 난 등이 일어나면서 다시 개경으로 천도하는 등 조선 초기 혼란한 정치 상황 속에서 경복궁은 궁궐로서 그 역할을 제대로 못하다가 세종 때에 이르러 정치 상황이 안정되고 비로소 이곳이 조선 왕조의 중심지로 역할을 하게 됩니다.

관련교과 초등학교 사회 5-2 1. 옛 사람들의 삶과 문화
3) 민족 문화를 지켜나간 조선
위 치 서울특별시 종로구 삼청로 37 국립민속박물관
전화번호 (02)3700-3900
홈페이지 http://www.royalpalace.go.kr/
교 통 지하철 3호선 경복궁역 5번 출구, 5호선 광화문역 2번 출구.
이용요금 성인 3,000원, 소인(만 24세 이하) 무료

체험 Tip

- 경봉궁 홈페이지를 미리 활용하여 관련정보를 얻으세요.
(관람안내, 관람코스 예약, 무료해설, 소개 및 들여다보기, 가상체험, 관람규칙 등)
http://www.royalpalace.go.kr/

- 경복궁은 조선 왕조 제일의 법궁입니다. 북으로 북악산을 기대어 자리 잡았고 정문인 광화문 앞으로는 넓은 육조거리(지금의 세종로)가 펼쳐져, 왕도인 한양(서울) 도시 계획의 중심이기도 합니다. 1395년 태조 이성계가 창건하였고, 1592년 임진왜란으로 불타 없어졌다가 고종 때인 1867년 중건되었습니다. 흥선대원군의 주도로 중건된 경복궁은 500여 동의 건물들이 미로같이 빼곡히 들어선 웅장한 모습입니다. 역사 속 현장을 함께 체험해 봅시다.

준비하기

체험 출발 전 조사하기

▶ 조선 시대 궁궐의 구성에 대한 사전 정보 탐색하기

(조선의 대표 궁궐인 경복궁 내 건물의 이름과 역할 알기)

- 경복궁의 정문인 광화문과 십자각, 해치
- 조선시대 정궁인 경복궁의 중심 건물(근정전)
- 임금이 신하들과 나랏일을 의논하던 곳(사정전)
- 경회루, 강녕전, 교태전, 향원정, 동궁 등의 역할
- 궐내각사의 뜻, 현재 궐내각사임을 알 수 있는 단서

▶ 참고 누리집 사이트 안내

관련 체험 장소 소개

- 궁궐문화교실(한국역사문화학교) http://www.koreaschool.co.kr/theme_cehum01.html
- 국립고궁박물관 www.gogung.go.kr
- 국립민속박물관 www.nfm.go.kr

이런 장소예요

▶ 전시관 안내

광화문(정문)

건춘문(동문)

영추문(서문)

신무문(북문)

▶ 정전과 편전

근정전
(국가의식 거행, 외국 사신 맞이하는 곳)

사정전
(왕이 정사를 보고 경전 강론하는 곳)

▶ 경회루와 향원전

경회루
(연못 안에 조성된 누각으로
외국 사신 또는 군신 간의 연회장소)

향원정
(연못 한가운데 인공의 섬을 만들고
그 위에 육모지붕을 얹은 정자)

이 외에도 왕의 침전인 강녕전, 왕비의 침전인 교태전, 왕세자와 왕세자빈의 생활공간이자 교육이 이루어지던 동궁 등을 비롯하여 태원전, 건청궁, 집옥재 등을 관람할 수 있다.

활동지

20 년 월 일 요일 ( ) 학년 ( ) 반 ( ) 번 이름 ( )

▶ 다음 경복궁 지도에서 내가 다녀온 곳에 동그라미를 그려보고 그곳의 이름을 써 봅시다.

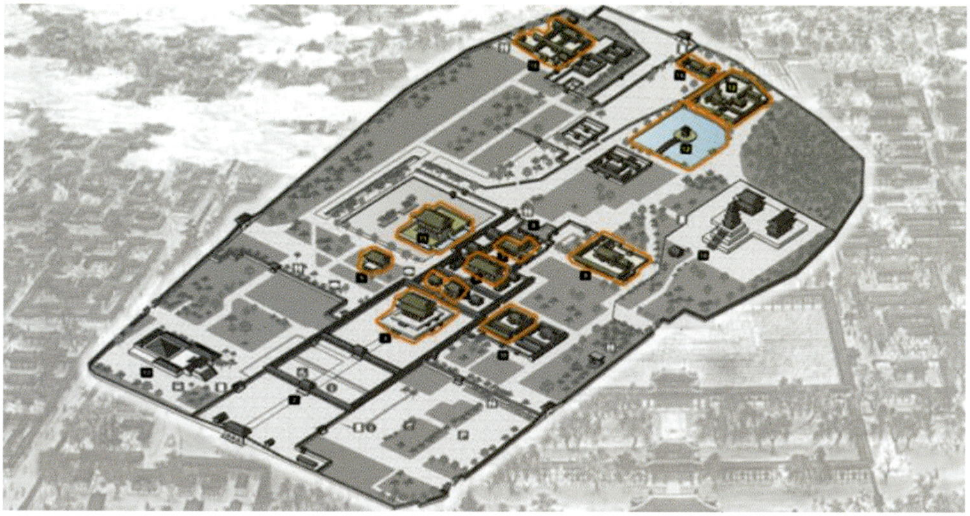

▶ 경복궁을 체험하면서 인상 깊었던 장소들을 떠올려보고, 본 것과 느낀 점 등을 중심으로 일기를 써 봅시다.

전주 한옥마을 경기전

사적 제339호의 전주 경기전은 조선 왕조를 개국한 태조 이성계의 어진을 봉안한 곳입니다. 태조 어진을 모신 곳을 어용전, 태조진전 등으로 명명하던 것을 1442년(세종 24년)에 경기전이라고 명명하였습니다. 1410년에 창건된 경기전은 1597년 정유재란 때 소실되고 1614년에 중건했습니다. 1872년 태조 어진을 새롭게 모사하여 봉안하면서(태조영정 보물 931호) 경기전의 전반적인 보수가 이루어졌습니다. 조선왕조를 개국한 태조 어진이 봉안된 정전 기능과 품위에 기준한 내신문 내의 신로 및 향로의 엄격한 격식, 그리고 정전과 배례청 평면 조합 및 어방구조 등이 보물로서의 문화재 가치가 인정됩니다.

관련교과	초등학교 사회 5-2 1. 옛 사람들의 삶과 문화 3) 민족 문화를 지켜나간 조선
위　치	전라북도 전주시 완산구 풍남동3가 한옥마을 부근
전화번호	(063)281-2891
홈페이지	http://tour.jeonju.go.kr/
교　통	
이용요금	성인 3,000원, 청소년 2000원, 어린이 1000원

체험 Tip

▶ 경기전을 관람할 때 문화해설을 이용해 보세요! 경기전에 대한 자세한 설명을 들을 수 있습니다. 또한 9월 9일에 경기전에서 전주 이씨 제사가 경기전에서 열린다고 합니다. 때를 맞추어서 방문하면 전주 이씨의 제사 드리는 모습을 관람할 수 있고 제사음식도 맛볼 수 있답니다!

▶ 전주 한옥마을에 위치하고 있는 경기전 탐방과 함께 전동성당, 오목대, 전주향교 등의 다양한 볼거리를 함께 체험해 보세요!

》 전주 문화관광 홈페이지: http://tour.jeonju.go.kr/

준비하기

체험 출발 전 조사하기

▶ **한옥마을 경기전과 관련된 인물 및 어진에 대하여 탐구**

- 조선을 건국한 태조 이성계 인물에 대하여 알아보기
- 어진이 무엇인지 사전 조사하기
- 조선의 여러 임금 중 현존하는 어진 속 임금 조사하기
- 전주한옥마을 사전 탐색 및 경기전 위치 파악하기
- 경기전 구성 탐색하기

▶ **참고 누리집 사이트 안내**

관련 체험 장소 소개

- 전주한옥마을 – 문화관광

http://tour.jeonju.go.kr/

- 어진박물관

http://www.eojinmuseum.org/

이런 장소예요

▶ 조선 태조의 어진이 봉안되어 있는 경기전 정전

– The portrait of the first King of the Joseon(Dynasty) –

경기전 정전에 봉안되어 있는 어진은 조선왕조를 건국한 태조 이성계를 그린 초상화입니다. 경주, 평양 등지에 봉안했던 여타의 어진은 임진왜란 때 불타버리고 전주 경기전의 어진만 유일하게 남아있습니다. 현재의 어진은 고종 9년(1872)에 기존의 낡은 어진을 불태워 묻고 서울 영희전(永禧殿)에 있던 태조 어진을 이모(새로이 하나만을 제작하고 원본을 불태워서 묻는 경우)한 것입니다. 임금이 정사를 돌볼 때 차려입고 곤룡포에 익선관을 쓴 모습입니다.

얼굴과 옷 주름을 처리한 음영기법, 의자와 자리의 화려한 색채, 어깨에 그린 용의 금박효과 등에서 높은 품격이 엿보입니다. 한 왕조를 세운 인품과 위엄이 시대를 뛰어넘어 생생하게 전해지고 있습니다.

▶ 경기전의 이모저모!

본래 경기전은 광대한 면적에, 많은 부속건물을 거느린 웅장한 규모였으나 일제강점기 시대 때 절반의 땅을 잃고 부속건물은 철거되었습니다.

하마비

홍살문

전주사고

예종대왕태실 기념비

하마비 : 조선시대 신분의 높고 낮음을 막론하고 말에서 내려 경의를 표하자는 뜻으로 1614년에 하마비를 세움.

홍살문 : 귀신이나 부정한 것을 못 들어오게 물리친다는 문

전주사고 : 조선왕조 실록을 보관하던 장소

예종대왕 태실 및 기념비 : 아이가 태어났을 때 그 태를 보관하는 곳, 그리고 그것을 기념하는 비석

활동지

20 년 월 일 요일 ( )학년 ( )반 ( )번 이름 ( )

▶ 경기전은 조선 태조의 어진을 모셔둔 곳입니다. 경기전을 방문하여 태조의 어진을 감상해 보고 어진 속 태조의 모습을 묘사하여 봅시다.

▶ 전주 한옥마을에 위치한 경기전을 소개하는 홍보글을 쓰거나 그림을 그려봅시다.

교과서로 만나는 역사체험 이야기

전주 이목대 오목대

한옥마을 관광안내소에서 태조로를 따라 오른쪽으로 보이는 곳이 오목대이며, 오목대와 연결되어 있는 구름다리를 따라 내려가면 이목대가 나옵니다. 이성계가 남원 운봉 황산에서 발호하던 왜구 아지발도의 무리를 정벌하고, 승전고를 울리며 개경으로 돌아갈 때 야연을 베풀었던 곳이 바로 여기입니다. 여기에서 이성계는 한나라를 창업한 유방이 불렀다는 대풍가를 읊었습니다. 즉 자신의 새로운 나라를 세우겠다는 야심을 넌지시 비쳤습니다. 오목대와 이목대에는 고종의 친필로 새긴 비석이 세워져 있고, 비각이 건립되어 있습니다.

관련교과	초등학교 사회 5-2 1. 옛 사람들의 삶과 문화 3) 민족 문화를 지켜나간 조선
위 치	전라북도 전주시 완산구 자만동2길 5
전화번호	(063)282-1330
홈페이지	http://tour.jeonju.go.kr/
교 통	
이용요금	무료

체험 Tip

- ▶ 전라북도 전주시의 완산구 한 작은 언덕에 오목대와 이목대가 위치하고 있으며 언덕의 아래로는 전주천, 한벽루, 한옥마을, 전통문화센터 등이 자리 잡고 있어 그 언덕에 오르면 전주 한옥마을의 전경이 한눈에 펼쳐진답니다! 낮과 밤의 오목대와 이목대는 관광객들에게 각기 다른 느낌을 풍기고, 낮과 밤에 언덕에 올라 내려다본 한옥마을 전경 역시 다른 매력을 선사해 주니 낮과 밤에 모두 찾아보는 것도 좋아요!
- ▶ 전주 한옥마을 입구에 위치하고 있는 오목대·이목대 탐방과 함께 경기전, 전동성당, 전주벽화마을, 전주향교 등의 다양한 볼거리를 함께 체험해 보세요!

  》 전주 문화관광 홈페이지: http://tour.jeonju.go.kr/

준비하기

체험 출발 전 조사하기

▶ 한옥마을 오목대·이목대에 대한 탐구

- 오목대·이목대와 관련된 인물 찾아보기
- 전라북도 기념물로 지정되어 있는 것 알아보기
- 오목대·이목대가 전라북도 기념물로 지정된 배경 이해하기
- 전주한옥마을 사전 탐색 및 오목대·이목대 위치 파악하기
- 전주시민의 휴식공간으로서의 오목대·이목대 역할 알아보기

▶ 참고 누리집 사이트 안내

관련 체험 장소 소개

- 전주한옥마을 – 문화관광

http://tour.jeonju.go.kr/

이런 장소예요

▶ 오목대(梧木臺)

고려 우왕 6년(1380) 당시 고려 삼도순찰사였던 이성계가 황산에서 왜구를 무찌르고 개선길에 잠시 머물렀던 장소입니다. 이곳에는 광무 4년(1900)에 고종이 직접 쓴 '태조고황제주필유지(太祖高皇帝駐蹕遺址)'라는 비문이 세워져 있습니다.

오목대

홍살문

오목대 비각

기념물 비석

▶ 이목대(梨木臺)

조선 태조의 5대조 목조 이안사가 태어나 살았던 곳으로, 이목대에도 이를 기리는 '목조대왕구거유지(穆祖大王舊居遺址)'라고 쓴 고종의 친필 비문이 있다.

전주 이씨의 시조 이한(이한) 공 이후 이안사에 이르기까지 태조 이성계의 조상은 이곳에서 살다가 이안사 대(代)에 관원과의 불화로 함경도로 이사하게 되었다고 한다.

이목대 비각

이목대 비석

활동지

20　　년　　월　　일　　요일　　　(　　　) 학년 (　　　) 반 (　　　) 번　이름 (　　　　　　　　)

▶ 다음 오목대·이목대에 대한 설명을 잘 읽고 바르게 연결해 봅시다.

오목대 ●	●	고려 우왕 6년(1380) 운봉 황산에서 왜구를 크게 무찌른 이성계가 개선길에 잠시 머물렀던 곳.
이목대 ●	●	이성계의 5대 할아버지인 목조 이안사의 출생지라고 전해지는 곳으로 전주 이씨들은 이안사 때까지 줄곧 이곳에 살았다고 함.

▶ 다음 그림은 오목대·이목대에 있는 비석입니다. 이 비석에는 각각 '태조고황제주필유지(太祖高皇帝駐畢遺址)'와 '목조대왕구거유지(穆祖大王舊居遺址)'라는 글이 쓰여 있는데 각각의 뜻을 풀이해 봅시다.

태조고황제주필유지(太祖高皇帝駐畢遺址)

목조대왕구거유지(穆祖大王舊居遺址)

횡성 태종대

1984년 6월 2일 강원도문화재자료 제16호로 지정된 태종대는 조선시대 태종의 즉위 전 스승인 운곡(耘谷) 원천석(元天錫)과 태종의 설화가 남아있는 유적입니다. 원천석은 이성계가 조선을 세우고 아들끼리 왕권 다툼을 하자 관직을 거부하고 강원도 횡성군 안흥면 강림리에 은거하였습니다. 이방원이 왕위에 오른 후 1415년 옛 스승인 원천석에게 정사를 의논하고자 이곳을 찾았으나 원천석은 이방원과의 만남을 꺼려 피신하였습니다. 이방원이 원천석이 간 곳을 물어 바위에서 오랫동안 기다렸으나 스승이 나타나지 않자 그냥 돌아갔다는 이야기가 전해지는 곳입니다.

관련교과 초등학교 사회 5-2 1. 옛 사람들의 삶과 문화
3) 민족 문화를 지켜나간 조선

위 치 강원도 횡성군 강림면 태종로 287

전화번호

홈페이지 http://tour.hsg.go.kr/tour(횡성 문화관광)

교 통 치악산 국립공원 입구 바로 옆 위치

이용요금 무료

체험 Tip

- ▶ 치악산 국립공원 입구에 위치하고 있어서 산을 찾은 관광객들도 쉽게 들렀다 갈 수 있는 곳입니다. 또한 태종이 머물렀던 바위에 올라 내려다본 경치는 매우 아름답고 더운 여름의 무더위를 식히기에 충분합니다. 접근성이 좋고 오르기 쉬운 횡성 태종대에 올라 강원도 문화재자료를 만나보도록 해요!
- ▶ 태종과 운곡 원천석이 얽힌 설화를 사전에 조사하고 태종대를 방문한다면 조선이 건국되어 기틀을 다질 당시의 상황을 실제 장소에서 경험할 수 있을 것입니다. 역사적 장소에서의 이야기를 떠올리며 직접 역사를 체험해 보아요!

준비하기

체험 출발 전 조사하기

▶ 태종대와 관련된 역사적 인물과 설화에 대한 탐구

- 강원도 문화재자료 제16호 알아보기
- 태종대라고 불리기 이전의 이름 조사하기
- 태종대와 관련된 두 인물 누구인지 파악하기
- 태종대에 얽힌 설화 조사하기

▶ 참고 누리집 사이트 안내

관련 체험 장소 소개

- 횡성 문화관광

http://tour.hsg.go.kr/tour

- 문화재청

http://www.cha.go.kr

이런 장소예요

▶ 태종이 잠시 머물렀던 역사적 장소, 태종대

그 당시 방원이 머물던 곳을 '주필대'라고 불러오다가 나중 방원이 태종으로 등극하자 '태종대'로 부르게 되었습니다. 나중에 태종이 임금이 되어 다시 운곡을 부르자 차마 어명을 어길 수 없던 그는 상주 차림으로 옷을 갈아입고는 대궐에 들어가 태종의 형제간 살육의 비인도적인 처사에 대해 무언의 시위를 벌이기도 했습니다. 또한 임금인 줄 모르고 거짓을 아뢰었다가 나중에 그분이 지엄하신 임금이라는 사실을 알게 된 노파는 죄책감에 자신이 빨래하던 바위 아래 소에 몸을 던져 스스로 목숨을 끊었습니다.

그 후 이 노파가 빠져 죽은 소를 사람들은 '노고소'라 불렀으며 이곳 마을에서는 매년 이 노파에 대한 제를 올렸다고 합니다. 부근에는 방원이 만나지 못한 스승을 향해 돌아가면서 예를 갖춰 절을 했다는 '배향산'이 있고 임금님의 수레가 넘었다는 '수레넘이' 고개가 부근에 있습니다. 그리고 치악산 기슭에는 운곡이 머물렀던 '변암'이 그 당시 대쪽같던 운곡의 굳은 절개를 오늘의 우리들에게 이야기해 주고 있습니다.

▶ 태종대의 이모저모!

강원도 횡성, 태종대에서 이방원과 운곡 원천석의 고사를 생각하며 여말선초의 역사적 상황을 떠올려보자! 두 왕조를 섬길 수 없다는 유학자적 곧은 충절은 시류에 부화뇌동하는 무리들의 핍박에 더욱 고적을 돋보인다.

눈 마자 휘어진 대를 뉘라셔 굽다탄고.
구블 절(節)이면 눈 속에 프를소냐.
아마도 세한고절(歲寒高節)은 너뿐인가 하노라.
– 운곡 원천석 –

태종대 누각

바위에 새겨진 태종대

안내표지판

아래에서 바라본 태종대

활 동 지

20　　년　　월　　일　　요일　　(　　　) 학년 (　　　) 반 (　　　) 번　이름 (　　　　　　　)

▶ 다음 시는 운곡 원천석이 지은 시입니다. 시를 읽고 시대적 배경을 떠올리며 시를 해석하여 봅시다.

눈 마자 휘어진 대를 뉘라셔 굽다탄고.
구블 절(節)이면 눈 속에 프를소냐.
아마도 세한고절(歲寒高節)은 너뿐인가 하노라.
- 운곡 원천석 -

▶ 태종대는 운곡 원천석과 조선왕조 3대 임금인 태종에 관계되는 유적입니다. 얽힌 설화에 대하여 조사하여 보고 설화에 대한 소개와 함께 설화를 읽고 느낀 생각을 써 봅시다.

여주 세종대왕릉

여주 세종대왕릉은 조선 제4대 왕 세종(世宗 1397~1450, 재위 1418~1450)과 소헌왕후(昭憲王后) 심씨(1395~1446)를 합장한 무덤입니다. 녕릉(寧陵; 효종과 인선왕후의 무덤)과 함께 1970년 5월 26일 사적 제195호로 지정되었습니다. 조선 왕릉 중 최초로 하나의 봉분에 왕과 왕비를 합장한 능이자 조선 전기 왕릉 배치의 기본이 되는 능으로, 무덤 배치는 〈국조오례의〉를 따랐습니다. 1446년(세종 28) 세종의 비 소헌왕후가 죽자 당시 광주(廣州, 현재의 서울시 서초구 내곡동) 헌릉(태종과 원경왕후 민씨의 무덤)의 서쪽 산줄기에 쌍실을 갖춘 능이 조성되었습니다. 동쪽 방은 왕후의 무덤이고, 서쪽 방은 세종이 살아 있을 때 미리 마련하여 1450년 세종이 승하하자 합장하였습니다.

관련교과 초등학교 사회 5-2 1. 옛 사람들의 삶과 문화
3) 민족 문화를 지켜나간 조선
위　치 경기도 여주시 능서면 영릉로 269-50
전화번호 (031)885-3123
홈페이지 http://sejong.cha.go.kr/
이용요금 성인 500원, 소인(만 24세 이하) 무료

체험 Tip

▶ 문화재청 세종대왕유적관리소 홈페이지를 미리 활용하여 관련정보를 얻으세요.
(세종대왕릉이야기, 관람정보, 행사안내, 세종대왕릉의 사계, 자료실 등)
》 http://sejong.cha.go.kr/

▶ 세종대왕릉에 대한 기본적인 구조와 입지 등에 대하여 알고 체험을 해 봅시다!
》 세종대왕릉은 조선왕릉 중 최초로 한 봉우리에 다른 방을 갖춘 합장릉이며, 1469년(예종 1년) 여주로 천장하면서 세조의 유명(遺命)에 따라 병풍석을 두르지 않고 난간석만 설치하였으며, 봉분 안에는 석실이 아니라 회격(灰隔:관을 구덩이 속에 내려놓고, 그 사이를 석회로 메워서 다짐)하고, 혼유석 2좌를 마련하여 합장릉임을 표시하였습니다. 또한 입지는 풍수사상에 따라 주산을 뒤로 하고 산의 중허리에 봉분을 조영하였으며, 좌우측에는 청룡, 백호를 이루고 남쪽으로는 멀리 안산인 북성산을 바라보고 있습니다.

준비하기

체험 출발 전 조사하기

▶ 조선 시대 4대 임금 세종(世宗) 영릉에 대한 탐구

- 능의 구성과 능의 역사에 대하여 알기
- 4대 세종의 생애 이야기와 일화 조사하기
- 소헌왕후(昭憲王后) 심씨에 대하여 조사하기
- 세종대왕릉과 관련된 인물들에 대하여 조사하기
- 세종대왕릉과 15세기 과학 발전 시대 탐구하기
- 세종대왕과 한글창제 이야기

▶ 참고 누리집 사이트 안내

관련 체험 장소 소개

- 세종대왕유적관리소 http://sejong.cha.go.kr/
- 디지털 한글박물관 www.hangeulmuseum.org/
- 세종대왕 박물관(광화문)

이런 장소예요

▶ 세종대왕릉 이야기

세종대왕릉 영릉은 세종대왕과 소헌왕후를 합장한 능으로, 서울 헌릉 서쪽에 자리 잡고 있었던 것을 예종 1년에 여주로 옮겨왔다. 영릉은 조선왕릉 중 최초로 한 봉우리에 다른 방을 갖춘 합장릉으로 세종대왕의 업적이 꽃잎처럼 겹쳐 활짝 펼쳐서 태평 성대를 이루었다고 하여 꽃부리 영 자를 사용해 영릉이라는 능호를 칭했다고 한다.

▶ 세종대왕 동상과 과학기구

입구의 세종대왕 동상

세종대왕대에 만들어진 과학기구(혼상, 정남일구, 관천대)

▶ 여주 세종대왕릉 가는 길

홍살문

정자각

세조대왕릉

영릉비

홍살문 : 신성한 지역임을 알리는 문. 홍살문 앞쪽은 금천교로 속세와 성역의 경계 역할을 하는 다리임

정자각 : 제사를 지내는 곳으로 정(丁) 자 모양으로 지어졌으며 좌측은 수라간, 우측은 제기를 보관하거나 능을 지키는 관비가 거처하던 수복방이 있음

영릉비 : 세종대왕과 소헌왕후의 약력과 세종대왕릉의 내력 등이 한자로 쓰여 있음

활동지

20　　년　　월　　일　　요일　　(　　　)학년 (　　　)반 (　　　)번　이름 (　　　　　　　　　)

▶ 다음 지도에서 내가 다녀온 길을 표시하여 보고, 각 장소의 역할을 써 봅시다.

① 조선 세종대왕 영릉　④ 비각　⑦ 훈민문　⑩ 세종대왕동상
② 수라간　⑤ 수복방　⑧ 재실　⑪ 조선 효종 영릉
③ 정자각　⑥ 홍살문　⑨ 세종전

① : ____________________　⑥ : ____________________

② : ____________________　⑦ : ____________________

③ : ____________________　⑧ : ____________________

④ : ____________________　⑨ : ____________________

⑤ : ____________________　⑩ : ____________________

▶ 세종대왕은 한글창제와 과학·음악 발전 등으로도 매우 훌륭한 업적을 남기신 분입니다. 세종대왕에 대해 내가 알고 있는 것, 더 알고 싶은 것에 대하여 써 봅시다.

규장각

창덕궁 후원의 중심에 서 있는 전각 규장각은 정조(1752~1800, 재위:1776~1800)시대 정치와 문화의 중흥을 상징하는 공간입니다. 정조는 11세의 나이에 아버지의 죽음을 목격하고 힘겹게 왕위에 올라 불안한 정치적 상황에 놓여 있었지만, 개혁정치를 통해 왕권의 강화를 추진하고 학문과 문화에 기반한 정치의 중흥을 꾀하였습니다. 정조는 즉위한 해인 1776년 3월에 규장각을 궐내에 창설할 것을 명하였습니다. 송나라 제도에 따라 선왕들의 책과 어필·어제 등을 함께 봉안하기 위한 전각을 만들기 위해서였습니다. 정조는 창덕궁에서 경관이 가장 아름다운 영화당 옆의 언덕을 골라 2층의 누각을 짓게 했습니다. 이 건물의 1층이 규장각이고, 2층 누각이 주합루(宙合樓)였습니다.

관련교과 초등학교 사회 5-2 1. 옛 사람들의 삶과 문화
3) 민족 문화를 지켜나간 조선
위 치 서울특별시 종로구 창덕궁길 94 창덕궁 내 후원
전화번호 (02)762-8261
홈페이지 www.cdg.go.kr(창덕궁)
교 통 종로3가역 6번 출구, 안국역 3번 출구
이용요금 성인 3,000원, 소인(만 24세 이하) 무료

체험 Tip

▶ 정조 개혁정치의 산실인 '규장각(奎章閣)'은 정조 시대의 정치와 문화의 중흥을 상징하는 공간이며 왕권 강화를 추진하는 데에 기반이 된 장소입니다. 시대적 배경과 함께 관련된 인물에 대한 조사를 한 후 규장각을 체험한다면 장소가 가진 상징성과 의미를 보다 더 잘 이해할 수 있을 것입니다. 사전 조사를 충분히 한 후 체험을 해 봅시다!

▶ 창덕궁 내 후원에 자리 잡고 있는 규장각 체험과 함께 세계문화유산으로 지정되어있는 창덕궁을 관람해 보세요!

》 세계문화유산 창덕궁 홈페이지: www.cdg.go.kr

준비하기

체험 출발 전 조사하기

▶ **조선의 왕실 도서관, 규장각에 대한 탐구**

- 규장각의 설치 이유, 만들어진 시기 조사하기
- 규장각의 뜻과 규장각에서 하는 일 조사하기
- 규장각의 제도와 기능 조사하기
- 규장각을 만든 정조 임금 인물 탐구하기
- 왕실 도서관의 역사 조사하기

▶ **참고 누리집 사이트 안내**

관련 체험 장소 소개

- 창덕궁

www.cdg.go.kr

- 서울대학교 규장각

http://e-kyujanggak.snu.ac.kr

(규장각 자료조사, 학술행사, 조선왕조실록 등 연구활동, 교육교류 및 전시 안내 등)

이런 장소예요

▶ 규장각의 제도와 기능

규장각은 일차적으로 임금의 시문과 글씨를 보관하는 곳으로 창경궁에 만들어졌지만, 점차 그 규모와 기능이 확대되었습니다. 규장각은 내각(內閣)과 외각(外閣), 직원(直院)으로 구성되어 있습니다. 내각의 중심 건물인 본각(本覺)에는 정조의 시문과 글씨, 인장 등을 보관하였는데 숙종이 쓴 '규장각'이라는 현판을 걸었습니다. 그 다락이 주합루(宙合樓)인데, 바로 정조의 글씨입니다. 그 밖에 역대 임금의 시문과 글씨, 그림 등을 보관하는 봉모당, 우리나라 도서를 소장하고 있는 서고, 중국에서 들여온 서적을 보관하는 열고관과 개유와, 그리고 이들 문헌을 옮겨 포쇄하는 공간인 이안각 등의 건물이 있었습니다.

▶ 규장각의 발전 과정

규장각은 왕실도서관에서 출발했지만, 정조는 이곳을 차츰 학술 및 정책 연구기관으로 변화시키며 역대의 도서들을 수집하고 연구하는 학문 연구의 중심기관이자 정조의 개혁정책을 뒷받침하는 핵심 정치 기관으로 거듭 태어나게 하였습니다. 정조는 당파나 신분에 구애 없이 젊고 참신한 능력 있는 젊은 인재들을 규장각에 모아 개혁정치의 파트너로 삼았습니다. 정약용을 비롯한 걸출한 학자들이 많이 양성되었는데, 특히 박제가·유득공·이덕무·서이수와 같은 서얼들을 적극 등용한 점이 주목됩니다.

▶ 외규장각

외규장각은 왕실 관련 서적을 보관할 목적으로 강화도에 설치한 것으로, 규장각의 부속 도서관 역할을 합니다. 설치 이후 국가 주요 행사 내용을 정리한 의궤를 비롯해 1,000여 권의 서적을 보관하였으나 병인양요 때 프랑스에 약탈당했고 나머지는 불타 없어졌습니다.

활동지

20　　년　　월　　일　　요일　　(　　)학년(　　)반(　　)번 이름(　　　　)

▶ 창덕궁 후원의 중심에 서 있는 규장각은 정조 시대와 관련하여 중요한 의미를 지니고 있습니다. 조선 시대에 '규장각'은 어떤 역할을 하였는지 써 봅시다.

▶ 규장각의 가장 중요한 업무는 역대 왕들의 글이나 책 등을 정리하고 이것을 바탕으로 개혁 정치의 방향을 설정하는 것이었습니다. '법고창신(法古創新: 옛 법을 본받아 새것을 창출한다)'은 규장각을 설립한 취지에 가장 부합되는 정신이었습니다. 규장각의 역할을 잘 반영하여 사행시를 지어 봅시다.

법

고

창

신

국립중앙박물관

대한민국의 보물창고로 불리는 국립중앙박물관은 우리 역사의 소중한 유물들이 전시되어 있습니다. 2005년 10월 개관한 국립중앙박물관은 30만㎡의 방대한 공간에 30만여 점의 유물을 보관, 전시하는 세계적 규모의 박물관입니다. 자연과 인공의 조화를 소중히 여긴 선조들의 지혜를 이어받아 호수와 정원이 어우러지게 설계를 하였으며 남산과 한강이 둘러싸는 '배산임수(背山臨水)'의 장소에 자리 잡았습니다. 지하 1층 지상 6층의 박물관 건물은 두 개의 건물이 하나로 연결된 듯 이어지는 외관에 전시 공간과 유물의 보관 공간, 연구 공간과 각종 부대시설이 모여 있습니다. 건물 내부로 들어서면 경천사 십층석탑과 고달사 쌍사자 석등이 자리 잡은 중앙 통로인 '역사의 길'을 중심으로 6개의 상설 전시관이 운영되고 있습니다.

관련교과 초등학교 사회 5-2 1. 옛 사람들의 삶과 문화
3) 민족 문화를 지켜나간 조선
위　　치 서울특별시 용산구 서빙고로 137
전화번호 (02)2077-9000
홈페이지 www.museum.go.kr
교　　통 4호선/ 중앙선 이촌역 2번 출구
이용요금 무료

체험 Tip

▶ 전체 유물을 꼼꼼히 살핀다면 약 일주일의 시간이 걸린다는 방대한 규모이니 박물관이 선정한 '중요 유물 100선' 등의 코스 선택을 하거나 시간을 가지고 나누어 관람하는 요령이 필요해요. 전시관 단위로 운영되는 해설사의 안내 시간을 이용하거나 자동 안내기를 사용하는 것도 좋은 방법입니다!

▶ 수많은 외국 유물들을 상설 전시하여 아시아의 중심 박물관으로서 위상을 높여가고 있습니다. 국립중앙박물관은 상설전시관과 더불어 기획전시관, 어린이전시관, 야외전시관들이 볼거리를 더하며 전문 공연장과 도서관까지 자리하는 종합 문화 공간입니다. 홈페이지 등을 통하여 사전에 정보를 준비한다면 더욱 알찬 시간여행을 떠날 수 있어요!

준비하기

체험 출발 전 조사하기

▶ 대한민국 문화유산 보고, 국립중앙박물관 탐구

- 현재 국립중앙박물관이 용산에 자리하기까지의 과정 조사하기
- 국립중앙박물관의 전시관 구성 탐색하기(상설전시, 특별전시 등)
- 국립중앙박물관 층별 전시관의 테마 조사하기
- 전시해설코스 및 시간 조사하기
- 국립중앙박물관 홍보 동영상 보기

▶ 참고 누리집 사이트 안내

관련 체험 장소 소개

- 국립중앙박물관

www.museum.go.kr

- 국립중앙박물관 어린이박물관

http://www.museum.go.kr/site/child/home

이런 장소예요

▶ 한국 문화유산의 보물창고, 국립중앙박물관

한국의 문화유산 보존 및 전시, 교육을 목적으로 건립된 문화체육관광부 산하의 국립박물관인 국립중앙박물관은 29만 5,550.69㎡의 대지 면적에 본관은 지하 1층, 지상 6층으로 길이 404미터, 최고 높이 43.08미터의 건물로 지어졌습니다. 박물관 내부에는 어린이 박물관과 야외 전시장이 별도로 있습니다. 30만여 점의 유물을 소장하고 있는 국립중앙박물관은 6개의 상설전시관(선사·고대관, 중·근세관, 기증관, 서화관, 아시아관, 조각·공예관)에서 1만 5천여 점의 유물을 전시하고 있으며, 해외박물관 대여 유물 및 다양한 주제의 전시가 개최되는 기획전시실과 어린이박물관이 있습니다.

▶ 국립중앙박물관 1층

테마전시실

특별전시관

선사고대관

중근세관

▶ 국립중앙박물관 2층

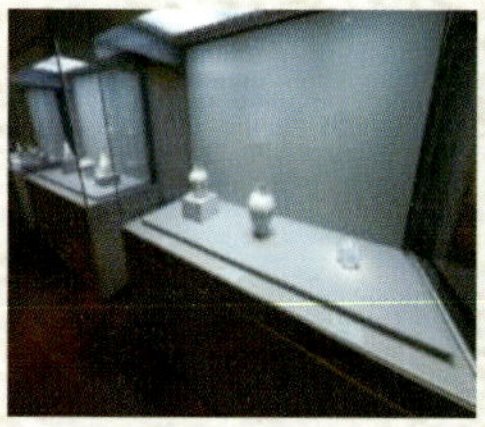
기증관

서화관

▶ 국립중앙박물관 3층

아시아관

조각·공예관

홍기증관 : 전통문화 선양에 기여한 분들의 고귀한 뜻이 담긴 전시 공간

서화관 : 서예, 회화 등의 전통문화의 아름다움을 감상할 수 있는 공간

아시아관 : 이웃나라의 문화를 이해하고 문화의 다양성을 체험할 수 있는 공간

조각·공예관 : 도자 및 금속 공예문화의 진수를 감상할 수 있는 공간

활동지

20 년 월 일 요일 ( ) 학년 ( ) 반 ( ) 번 이름 ( )

▶ 대한민국 문화유산의 보고인 국립중앙박물관을 체험하면서 보고 들은 것 중에서 인상 깊은 내용을 써 봅시다.

본 일	
들은 일	
새롭게 알게 된 일	
느낀 일	

▶ 2005년에 새로 지어진 용산 국립중앙박물관은 세계에서 6번째로 큰 규모의 박물관으로 대한민국의 소중한 역사적 유물들을 한 자리에서 만날 수 있다는 점에서 꼭 한번 방문해야 할 역사적 장소입니다. 국립중앙박물관을 홍보하는 그림이나 만화를 그려 봅시다.

용인한국민속촌

한국민속촌은 오랜 시간을 거쳐 전승되어 온 우리 문화 속 생활풍속을 한데 모아 내외국인 관광객에게 민족문화를 소개하기 위해 조성되었습니다. 건립 초기부터 교육적·관광적 가치를 염두에 둔 최고의 전통문화 테마의 종합관광지를 목적으로 설립되어 1974년 창립 이래 지금까지 생생한 문화체험과 아름다운 자연 속의 전통문화 관광지로서 사랑받고 있습니다.

한국민속촌의 조선시대 마을은 각 지방에서 이건 및 복원한 실물가옥으로 이루어져 있으며, 철저한 고증과 자문을 거쳐 사계절 변화에 따라 생활문화를 재현하고 있습니다. 야외에서 만나는 체험형 전시와 전통방식을 계승한 생활공예, 절기별 세시풍속을 행하며 잊혀져 가는 전통 문화유산의 가치를 함께 나누고자 하는 노력을 계속하고 있습니다.

관련교과	초등학교 사회 5-2 1. 옛 사람들의 삶과 문화 3) 민족 문화를 지켜나간 조선
위 치	경기도 용인시 기흥구 민속촌로 90
전화번호	(031)288-4000~2
홈페이지	www.koreanfolk.co.kr
교 통	
이용요금	성인 20,000원, 청소년 17,000원, 아동 15,000원

체험 Tip

- ▶ 용인한국민속촌 방문은 조선시대 삶 속으로의 여행입니다. 아름다운 자연 속에서 여유를 즐기며 전통문화의 즐거움을 재발견하는 시간으로 체험을 떠나 보아요!
- ▶ 용인한국민속촌 입장은 입장권과 자유이용권 두 가지로 마련되어 있습니다. 입장권은 한국민속촌 민속마을, 전통민속관, 세계민속관, 정기공연 및 민속마을 내 체험(일부 유료) 등의 시설 이용이 가능하며 자유이용권은 입장권의 모든 혜택에 더하여 놀이마을 어트랙션과 눈썰매장(동절기 운영) 등의 시설 이용이 가능합니다.(일부 체험 유료)
- ▶ 조선시대 마을의 명소들을 만날 수 있는 민속촌의 관람코스는 테마에 따라 다양합니다. 핵심코스, 조선시대 마을 탐방코스, 생활문화 체험코스, 비 오는 날 풍류코스, 동물친구들 코스 등의 다양한 코스를 사전 조사하여 구석구석 숨어있는 재미를 찾아 떠나보세요!

준비하기

체험 출발 전 조사하기

▶ 아름다운 조선시대 마을, 한국민속촌 탐구

- 민속촌의 위치 및 시설현황 파악하기
- 한국민속촌이 걸어온 40년의 발자취 조사하기
- 조선시대 민속마을 및 관람코스 사전조사하기
- 전시마당(전통·세계·탈춤·옹기 전시관) 구성 및 전시 내용 알기
- 민속촌 놀이마을 살펴보기

▶ 참고 누리집 사이트 안내

관련 체험 장소 소개

- 용인 한국민속촌

http://www.koreanfolk.co.kr/

이런 장소예요

▶ 조선시대 마을

30여만 평의 넓은 부지, 배산임수 천혜의 풍수지리적 위치에 자리한 한국민속촌은 각 지방의 실물가옥을 이건해 조성한 조선시대의 촌락입니다. 옛 지방 행정기관이었던 관아를 비롯해 교육기관인 서원과 서당, 의료기관이었던 한약방, 종교적인 건물인 사찰과 서낭당, 점술집에 이르기까지 조선시대의 삶을 경험할 수 있도록 옛 생활상이 그대로 담겨있습니다.

▶ 전통민속관

전통민속관은 전통 민속박물관의 준말로 야외에서 재현하고 전시하기 어려웠던 세시풍속과 관혼상제, 의식주생활, 민속놀이 등을 디오라마(축소모형), 움직이는 인형과 모형, 재미있는 만화와 옛 그림, 옛 사진, 유물전시를 통해서 보여주고 있습니다.

▶ 세계민속관

5대양 6대주에서 수집한 3,000여 점의 문화유산을 보유하고 있으며 각 문화권마다 마련된 전시관을 통해 각국의 의식주 생활과 생업기술, 문화예술을 쉽게 만나볼 수 있습니다.

▶ 탈춤민속관

선조들의 풍자와 재미가 빛나는 각 지역의 탈춤과 탈이 한곳에 모여 있으며 탈 장인이 선보이는 탈 제작과정과 탈 조각 작품, 탈춤 이야기를 만나볼 수 있습니다.

▶ 옹기전시관

선조들의 정성과 지혜를 따라 전통방식 그대로 구워낸 다양한 옹기가 전시되어 있으며 자연 그대로의 여유와 풍요로움을 담은 옹기를 직접 만들어 볼 수 있는 옹기체험관도 있어 가족 및 단체, 외국인 관람객들이 좋아하는 장소입니다.

활동지

20 년 월 일 요일 ( )학년 ( )반 ( )번 이름 ( )

▶ 용인한국민속촌의 4개의 전시관에서 각각 어떤 체험을 할 수 있는지 써 봅시다.

전통민속관에서는 ______________________

세계민속관에서는 ______________________

탈춤민속관에서는 ______________________

옹기민속관에서는 ______________________

▶ 선조들의 지혜와 슬기를 체험할 수 있는 국내 유일의 전통문화 테마파크인 한국민속촌으로 관광객들을 초대하는 홍보물을 만들어 봅시다.

국립민속박물관

서울의 중심에 자리한 국립민속박물관은 전통사회에서 현재에 이르기까지 한국인의 생활문화를 직접 보고 체험할 수 있는 살아있는 교육의 터전입니다. 국립민속박물관은 우리의 선조들과 오늘날 우리의 일상생활에서부터 일생에 이르기까지 삶의 모습을 담고 있습니다. 우리 민족 고유의 생활양식·풍속 및 관습을 조사·연구하고, 생활 민속 유물을 수집·보존하며 더 나아가 이를 전시함으로써 우리 민속의 전통 문화를 보급·선양하고 국제 문화 속의 한국 문화를 부각시키고자 설립되었습니다. 한국인의 생활문화, 일상, 일생 등 3개의 상설전시실과 야외전시장을 운영하고 있으며 이와 함께 연 4회 이상의 기획·특별전을 개최하여 한국의 생활문화의 폭넓은 이해에 이바지하고 있습니다.

관련교과 초등학교 사회 5-2 1. 옛 사람들의 삶과 문화
3) 민족 문화를 지켜나간 조선
위 치 서울시 종로구 삼청로 37
전화번호 (02)3704-3114
홈페이지 www.nfm.go.kr
교 통 3호선 안국역 1번 출구, 5호선 광화문역 2번 출구
이용요금 무료

체험 Tip

▶ 한국의 생활민속문화를 보여주는 우리나라 대표생활사 박물관인 국립민속박물관은 한국 전통에 대한 이해를 바탕으로 하여 세계로 다가가는 열린 박물관입니다. 체험 전 사전 조사를 하여 알찬 여행을 떠나 보세요!

▶ 경복궁 내에 위치하고 있는 국립민속박물관은 무료 이용이 가능합다. 박물관을 관람하고 경복궁을 방문하여 조선 시대 궁궐도 함께 체험하여 보아요!(경복궁 관람은 유료 관람)

▶ 국립민속박물관에서는 생활유물을 통한 민속 문화 이해에 도움이 되고자 전문 도슨트의 전시해설 프로그램을 제공하고 있으니 사전 예약하여 전시 관람의 효율성을 높여 보아요!

준비하기

체험 출발 전 조사하기

▶ **혼적, 사람 그리고 이야기가 있는 국립민속박물관 탐구**

- 박물관 소개 및 구성 살펴보기
- 상설 전시마당 구성 및 전시내용 살펴보기
- 기증·외부·국제교류 전시 행사 중인지 점검하기
- 행사마당(우리민속한마당/ 민속음악회/ 세시풍속행사) 즐길 수 있는지 확인하기
- 박물관 소장품 살펴보기

▶ **참고 누리집 사이트 안내**

관련 체험 장소 소개

- 국립민속박물관 www.nfm.go.kr
- 국립민속어린이박물관 www.kidsnfm.go.kr
- 경복궁 www.royalpalace.go.kr

이런 장소예요

▶ 전시마당(상설전시) – 1전시 한민족생활사 –

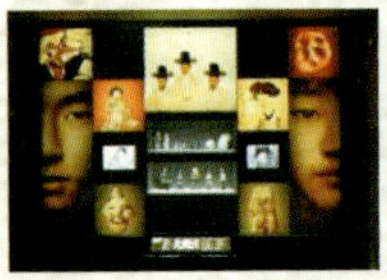
이 땅의 사람들

인간 속으로

영역의 확장

문화의 향유

대중의 등장·성장

▶ 전시마당(상설전시) – 2전시 한국인의 일상 –

2전시관에서는 1년 주기로 반복되는 농경생활과 사계절의 변화에 맞춰 삶을 살아온 조선시대(1392~1910) 사람들의 생활상을 전시하고 있습니다. 사람들의 다양한 일상, 아울러 문화와 교역의 장(場)인 시장, 생업·의식주·공예 등의 다양한 일상을 만날 수 있습니다.

마을제

베짜기

보부상과 객주

가을걷이

솜옷짓기

▶ 전시마당(상설전시) – 3전시 한국인의 일생 –

3전시관에서는 조선시대(1392~1910) 양반 사대부 집안의 개인이 태어나 죽을 때까지 겪게 되는 주요한 과정을 전시하고 있습니다. 관례, 계례, 혼례, 상례, 제례 등의 모습을 살펴볼 수 있습니다.

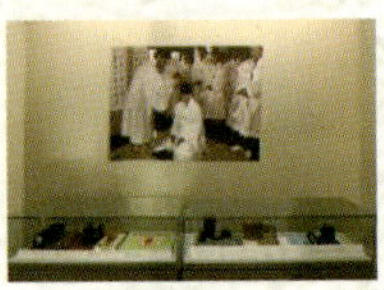
관례

혼례

출세

상례

제례

▶ 기증전시

기증된 유물 가운데 주제를 정하여 매년 4~5회의 작은 기증유물전을 엽니다. 상설기증장 옆의 기증자 안내판에는 그동안 유물을 기증해 주신 분들의 명판을 걸어 둡니다.

▶ 국외전시

국립민속박물관은 국제화시대에 발맞춰 해외에 한국의 이미지를 알리는 데 노력하고 있습니다. 해외박물관 및 재외공관과의 협력하에 해외전시 및 교류전을 개최하여 내·외국인들로부터 많은 관심과 호응을 얻고 있습니다.

활동지

20　　년　　월　　일　　요일　　　(　　　) 학년 (　　　) 반 (　　　) 번　이름 (　　　　　　　)

▶ 국립민속박물관을 체험하면서 인상 깊게 본 전시 내용이나 소장품이 있으면 소개하는 글을 쓰거나 그림으로 소개해 봅시다.

▶ 다음 키워드 중 하나를 골라 우리 민속 이야기를 외국인에게 소개하는 글을 써 봅시다.

열두 달 절기　　열두 띠 이야기　　정월대보름　　추 석　　차 례

충남 은산별신제

은산별신제는 충청남도 부여군 은산면 은산리에서 하는 음력 2월 택일 마을 행사로서 1966년에 중요무형문화재 제9호로 지정된 전통 문화 축제입니다.

은산별신제는 충남 지역의 대표적인 민속 향토 축제의 전형으로 백제 계통 인물과 별신당의 종교성, 보부상 관련 시장 번영책 같은 것들로 미루어볼 때 위령제의 기념성이 강합니다. 하나는 군사적 성격으로 승마 무장들과 농악을 통한 모의전쟁 상황극 행렬이고 다른 하나는 보부상 조직을 활용한 장시 후원적 성격인데 장터 하당굿이 주목됩니다. 또 다른 하나는 최근 들어 복신장군, 토진대사, 삼천신위(백제 삼천궁녀신)가 백제문화권 지역 의식으로 말미암아 존치되어 위령제 성격이 드러납니다.

관련교과	초등학교 사회 5-2 1. 옛 사람들의 삶과 문화 3) 민족 문화를 지켜나간 조선
위 치	충청남도 부여군 은산면 은산리
전화번호	(041)830-2511
홈페이지	http://tour.buyeo.go.kr/html/tour/
교 통	
이용요금	무료

체험 Tip

- 충청남도에서 가장 먼저 중요 무형문화재로 지정된 귀중한 문화재가 바로 1966년 중요 무형문화재 제9호로 지정된 은산별신제(恩山別神祭)입니다. 백제 광복군의 영혼이 잠든 은산별신제의 유래와 절차를 사전에 조사하여 그 참뜻을 경험하는 체험을 해 보세요!
- 별신제(別神祭)란 전국 어느 곳에서 여러 유형으로 있는 향토신에 대한 제사를 뜻합니다. 충남 은산별신제(恩山別神祭)는 토속 신앙이 바탕이 되는 제전에 군대의 의식이 가미된 장군제적 성격이 짙은 의식 행사로서 특별한 경험을 할 수 있을 것입니다. 별신제의 성격을 파악하고 양력 3월 말쯤에 열리는 별신제에 참여해 보세요!
- 은산별신제 체험과 함께 소중한 백제문화의 터전이 되었던 부여문화탐방을 계획하여서 백제시대를 이해하고 부여 역사를 몸소 체험하는 기회로 삼아 보세요!

준비하기

체험 출발 전 조사하기

▶ 은산별신제 탐구

- 은산별신제의 뜻과 유래 조사하기
- 은산별신제의 제당, 제의절차 조사하기
- 마을 제사에 담긴 조상들의 생활모습 살펴보기
- 조선 시대 사람들이 복을 빌었던 자연물에 대하여 알아보기
  (장승, 솟대, 당산나무, 서낭당 등)
- 여러 지역의 마을 제사 조사하기

▶ 참고 누리집 사이트 안내

관련 체험 장소 소개

- 부여문화관광(찬란한 백제의 혼-문화제)
  http://tour.buyeo.go.kr/html/tour/

이런 장소예요

▶ 충남 은산별신제의 유래

은산별신제의 유래는 은산 지역에 괴질이 퍼져 날마다 많은 사람들이 죽어가게 되었을 때 한 노인의 꿈에 백마를 탄 장군이 나타나 "이 지역에 흩어져 있는 백제 광복군의 유골을 수습하고 위령제를 지내주면 마을에 퍼져있는 질병을 막아주겠다"라는 말을 남기고 홀연히 사라졌던 것입니다. 마을 사람들이 유골을 수습, 위령제를 지내주자 극성을 부리던 마을의 질병과 재난이 사라졌습니다. 이때부터 음력 2월에 산신제를 지낼 때 위령제를 함께 올렸으며, 지난 1966년 중요무형문화재 제9호로 지정된 후 마을 주민들의 자발적인 참여로 꾸준히 전승되어 오고 있습니다.

▶ 충남 은산별신제 절차

본제를 지내기 위해 그동안 화주 집에 모셔 두었던 꽃과 음식 등 제물을 엄숙과 정결을 위해 모든 사람들이 입에 흰 종이를 물고 두 손으로 별신당에 올리는 상당행사가 치러집니다. 행사 마지막 날, 본제가 무사히 끝났음을 알리는 독산제와 잡신들의 마을 침입을 막도록 동서남북 마을 입구에서 장승제를 끝으로 6일간의 전통민속 문화행사의 대단원이 막을 내립니다.

	내 용
제1일	은산천의 물봉하기, 화주집의 조라술 담그기, 임원 집을 순방하는 집굿 행사
제2일	인근의 경둔리에 가서 진대 베어오기, 저녁에 임원 집을 순방하며 집굿 행사
제3일	부여 부소산의 삼충사에 가서 꽃받기, 저녁에 3일째 집굿 행사
제4일	별신당에서 상당 행사와 더불어 본제 행사가 치러짐
제5일	오전에 별신당에서 상당굿, 오후에 하당굿터에서 하당굿이 각각 열림
제6일	별신당 옆에서 독산제가 모셔짐 (이때 한편에서는 은산리의 사방에 세워져 있는 장승에서 제사를 지냄)

▶ 충남 은산별신제의 특징

여러 유형의 향토신에 대한 제사가 우리나라 곳곳에 행해지고 있는데 은산별신제는 타 지역과는 달리 토속신앙이 바탕이 되는 제전에 군대의식이 가미된 장군제적 성격이 짙은 의식행사로 특례, 상례, 제례 등의 모습을 살펴볼 수 있습니다.

진대배러가기

강신굿 장면

활동지

20　　년　　월　　일　　요일　　　(　　　)학년(　　　)반(　　　)번　이름(　　　　　　　　)

▶ 은산별신제를 체험하거나 조사한 후 은산별신제 관련 특징을 정리해 봅시다.

	특 징
별신제 뜻	
제당(祭堂)	
제의절차	
문화재 지정	

▶ 마을 제사에 담긴 조선 시대 사람들의 생활 모습을 떠올려 보고 떠올린 생활 모습을 그림으로 그려 봅시다.

여천 선소유적지

여천 선소 유적지는 임진왜란 중 충무공 이순신 장군이 뛰어난 조선 기술을 지닌 나대용 장군과 함께 거북선을 처음 만든 곳으로 잘 알려져 있는 곳입니다. 거북선을 제작하고 정박해두었던 굴강과 전라좌수군의 유적이 있으며 국가사적 제 329호로 지정되어 있는 유적지입니다. 임진왜란 중 거북선은 지금은 매립되어 바다에서 멀리 떨어진 진남관 인근의 전라좌수영 본영 선소, 이곳 시전동에 위치한 순천부 선소 그리고 방답진 선소(돌산 선소) 세 곳에서 건조된 것으로 추정을 하고 있습니다. 순천부 선소는 임진왜란 중 전라좌수영 관하 순천부의 수군 기지로 사용되었다는 기록이 있으나 선소가 만들어진 연대는 알 수 없고, 고려시대 때부터 배를 만들던 조선소가 있었다고 전해지고 있습니다.

관련교과	초등학교 사회 5-2 1. 옛 사람들의 삶과 문화 3) 민족 문화를 지켜나간 조선
위　치	전라남도 여수시 시전동 708
전화번호	(061)690-2222
홈페이지	
교　통	
이용요금	무료

체험 Tip

▶ 여천 선소유적지는 전라남도 여수에 위치하고 있으며 여수는 2012 여수엑스포 개최 도시이기도 합니다. 충무공의 충절이 깃들고 호구문화 유적을 보유한 호국 충절 도시인 여수를 방문하여 여수 유적 답사로의 여행을 떠나보세요!

▶ 여수는 여수 유적 답사뿐만 아니라 천혜의 해양관광자원을 보유한 관광휴양도시이기도 하다. 여행과 학습이 동시에 이루어질 수 있는 여수로의 체험을 떠나기 전, 가보고 싶은 유적지를 선정하고 사전조사를 한다면 한층 더 알찬 여행이 될 것입니다.
(일출조망지 향일암, 여수 낭도리 공룡 발자국 화석산지 및 퇴적층, 돌산향교, 이순신 장군을 추모하여 제사를 지내던 사당 여수 충민사, 조선 수군의 본거지로 이용된 진남관, 흥국사 대웅전 등)

준비하기

체험 출발 전 조사하기

▶ **거북선을 건조한 여천 선소 탐구**

- 여천 선소 및 유적지의 가치 조사하기
- 선소의 군사적 요충지로서의 장소의 적합성 살펴보기
- 여천 선소유적지의 역사 조사하기
- 굴강의 역할 및 주변 살펴보기
- 여천 선소유적지 관련 건물 및 역할 알아보기
- 이순신 장군의 업적 및 대표 유적지 조사하기

▶ **참고 누리집 사이트 안내**

관련 체험 장소 소개

- 아산현충사(이순신 장군을 추모하기 위해 장군의 외가인 아산에 세워진 사당)
- 여수 진남관(국보 제304호) (전라좌수영에 속했던 객사(관사))
- 옥포대첩 기념공원(옥포해전 당시의 해전도와 관련 유물들을 전시)
- 묘당도 충무사(이순신 장군의 마지막 삼도수군통제영이 위치하였던 곳으로 충무사는 이순신 장군을 기리기 위한 사당임)

이런 장소예요

▶ 여천 선소

여천 선소는 임진왜란 당시 이순신 장군이 거북선을 건조시키고, 배들을 수리했던 곳으로서 국가사적 제329호로 지정되어 있는 유적지입니다. 선소는 천혜의 군사적 요충지로서의 요건을 갖추고 있는데 바다 입구에는 가덕도와 장도가 있어서 자연적인 방파제 역할을 하고 있을 뿐만 아니라 먼 바다에서 보면 육지처럼 보이고 가까이서 보면 호수인지 바다인지 짐작하기 어렵기 때문입니다.

▶ 선소유적지 굴강

굴강은 거북선의 축조, 거북선과 판옥선의 수리 및 보관 등에 사용된 일종의 다목적 선박 건조장으로 잘 축조된 커다란 원형의 연못 형태입니다. 굴강은 군선들이 오가고 정박하던 장소였으므로 선소 근처로는 일반인들의 출입이 통제되었습니다. 굴강 앞에 위치한 돌벅수(돌장승)는 일반인들의 출입을 금지하기 위하여 세워졌을 것으로 추정되며 옛 사람들은 이 돌장승을 본 것만으로도 함부로 출입할 수 없는 곳이라는 사실을 알아챘을 것입니다.

▶ 세검정과 계선주

세검정(洗劍亭)은 임진왜란 당시 수군들이 칼과 창을 다듬었던 장소입니다. 현재의 세검정은 본래의 모습은 아니며 1980년과 1985년 2차에 걸쳐 발굴하여 1986년도에 복원한 것입니다. 복원된 세검정 앞 바닷가에 서 있는 계선주(繫船柱)는 임진왜란 당시 거북선과 판옥선을 매어두었다고 구전되어 옵니다. 풀뭇간은 선박들을 건조하고 수리하기 위하여 철을 다듬었던 공간이며 당시에는 현재보다 훨씬 더 큰 규모였지만, 이제는 그저 풀뭇간의 형태만을 알아볼 수 있을 정도로 겨우 복원되어 있는 상태입니다.

세검정

계선주

풀뭇간

활동지

20　　년　　월　　일　　요일　　(　　) 학년 (　　) 반 (　　) 번　이름 (　　　　　)

▶ 여천 선소 유적지는 이순신 장군과 관련된 유적지입니다. 유적 장소와 인물이 어떤 관련이 있는지, 유적지를 체험하면서 보고 체험한 내용을 기록하여 봅시다.

	내 용
이순신 장군과의 관련성	
체험한 것 (보고 들은 것, 조사한 것)	
체험 소감	

▶ 이순신 장군이 어떤 인물인지 조사하여 보고, 이순신 장군과 관련된 또 다른 장소로의 견학 계획을 세워 봅시다.

	내 용
이순신 장군에 대하여	
체험 계획 장소	
체험 계획 구성	

충남 아산 현충사

현충사(顯忠祠)는 충남 아산시 염치읍 백암리 방화산 기슭에 자리하고 있으며, 충무공 이순신 장군의 정신과 위업을 선양하기 위한 곳입니다. 또한 이순신 장군이 혼인 후 무예를 연마하며 구국의 역량을 기르던 장소입니다. 1706년 숙종께서 장군의 넋을 기리기 위해 직접 "현충사"라고 이름을 짓고 사당을 지어주었는데 대원군 때 철폐되기도 하고 일제시대의 탄압도 많이 받았습니다. 광복 이후 동아일보사의 협력으로 민족성금을 모아 1932년 현충사를 중건하였습니다. 2011년 전시관과 교육관을 갖춘 충무공이순신기념관이 건립되었습니다. 전시관에는 이순신 장군과 임진왜란에 관한 각종 유물이 전시되어 있고, 교육관에서는 이순신 장군 정신과 위업선양을 위한 강의와 세미나가 열리고 있습니다.

관련교과	초등학교 사회 5-2 1. 옛 사람들의 삶과 문화 3) 민족 문화를 지켜나간 조선
위 치	충청남도 아산시 염치읍 백암리 100
전화번호	(041)539-4600
홈페이지	http://hcs.cha.go.kr/
교 통	
이용요금	무료(매주 화요일 휴관)

체험 Tip

- ▶ 충무공 이순신 장군을 떠올렸을 때 '정의실천, 창의정신, 불패의 해전사, 기록정신, 나라사랑, 백성사랑, 장군의 명언' 등의 단어들이 생각납니다. 이순신 장군 관련 다양한 체험 장소를 직접 견학하여 보고 이순신 장군의 살아 있는 숨결을 직접 느껴 보아요!
- ▶ 충남 아산의 현충사는 사계절 내내 아름다운 경치를 선보이며 계절마다 피는 꽃들은 각기 다른 매력을 우리에게 선사합니다. 계절마다 다른 느낌을 주는 현충사의 사계절을 직접 방문하여 확인하여 보아요!
- ▶ 현충사에서는 난중일기 세계기록유산 등재 기념 행사, 가을 단풍맞이 행사 등의 특별 행사를 마련하고 있습니다. 특별 행사를 하고 있는지 체크하여 방문해 보아요!

준비하기

체험 출발 전 조사하기

▶ **충무공 이순신 장군의 숨결이 살아 있는 곳, 현충사 탐구**

- 현충사의 연혁 알아보기
- 충무공의 일생과 십경도 그림 찾아 해석하기
- 충무공 묘소에 대하여 조사하기
- 현충사의 이곳저곳 미리 둘러보기(사이트 활용)
- 현충사의 계절별 아름다움 느끼기
- 충무공 이순신 기념관 구성 민 유물 살펴보기

▶ **참고 누리집 사이트 안내**

관련 체험 장소 소개

- 선소유적지(이순신장군이 선박제조 기술자 나대용을 채용하여 거북선을 제작한 곳)
- 여수 진남관(국보 제304호) (전라좌수영에 속했던 객사(관사))
- 옥포대첩 기념공원(옥포해전 당시의 해전도와 관련 유물들을 전시)
- 묘당도 충무사(이순신 장군의 마지막 삼도수군통제영이 위치하였던 곳으로 충무사는 이순신 장군을 기리기 위한 사당임)

이런 장소예요

▶ 현충사의 역사

1706년(숙종 32년) 충청도 유생들이 숙종 임금께 상소하여 조정에서 이를 허락해 사당을 건립하였으며 1707년 숙종 임금께서 현충사(顯忠祠)란 액자를 하사하였습니다. 1868년(고종 5년) 대원군의 서원철폐령에 의해 현충사는 철폐되었으며, 1906년 을사늑약에 분노한 유림들이 현충사 유허비를 건립하였습니다. 일체치하에서 이충무공 묘소가 경매로 일본인의 손에 넘어갈 지경에 처하자 우리 민족 지사들이 '이충무공유적보존회'를 조직하고 동아일보사의 협력으로 민족성금을 모아 1932년 현충사를 중건하였습니다. 1966년 박정희 대통령이 성역화 사업을 추진하여 1967년 본래의 사당(구본전) 위편에 본전을 준공하였고 이순신 장군 탄신일인 4월 28일을 기념하여 매년 정부주관으로 제전을 올리고 있습니다.

▶ 구국의 성지 현충사 둘러보기

본전
충무공의
영정을 모신 곳

옛집
충무공이
사시던 옛집

충무정
옛집 대문
옆에 있는 우물

이면공 묘소
무공의 셋째 아들
이면의 묘소

활터
충무공이
활을 쏘던 자리

홍살문
길머리에 세우는
붉은 칠을 한 문

구본전
현충사
사당 본전

정려
임금이 편액을 내려 마
을 입구에 걸어두는 것

충무문
현충사 경내·외를 구분
하기 위하여 만든 정문

충무공 기념관
충무공 관련 유물과 임진
왜란 당시 해전 사료수집

▶ 충무공 이순신 기념관

임진왜란 때 나라를 구한 이순신 장군과 조선 수군의 활약을 담고 있는 곳으로 기념관은 크게 전시관, 교육관, 사무동 등 3개의 공간으로 구성되어 있습니다. 기념관은 충무공 관련 유물과 임진왜란 당시 해전 사료를 수집하고, 이를 전시·교육하기 위한 역사 테마관입니다. 연면적 3,104㎡(939평)에 지하 1층, 지상 1층의 철근콘크리트 구조입니다.

활동지

20　　년　　월　　일　　요일　　(　　　)학년(　　　)반(　　　)번　이름(　　　　　　　)

▶ 다음 지도는 현충사의 전체적인 지도입니다. 방문한 곳에 동그라미를 그려보고 인상 깊은 곳을 골라 그 장소를 설명하는 글을 써 봅시다.

▶ 임진왜란 때 조선 수군의 활약상을 정리하여 보고, 느낀 소감을 써 봅시다.

남한산성

경기도 광주시 중부면 산성리 남한산에 있는 조선시대의 산성인 남한산성은 삼국시대 이래로 우리 민족사의 중요 요충지로 기능해 온 장소입니다. 인조 2년(1624)부터 오늘의 남한산성 축성 공사가 시작되어 인조 4년(1626년)에 완공한 데 이어, 산성 내에는 행궁을 비롯한 인화관, 연무관 등이 차례로 들어서 수백 년의 역사를 갖고 있는 문화유산으로 자리 잡았습니다. 이러한 문화유산은 1894년에 산성 승번제도가 폐지되고, 화약과 무기가 많다는 이유로 일본군에 의하여 1907년 8월 초하루 아침에 잿더미로 변하고 말았습니다. 하나둘 역사의 어둠 속으로 사라져 가고 말았지만 남한산성 주변에는 수많은 문화유산들이 여전히 자리 잡고 있습니다. 남한산성은 1963년 사적 제57호로 지정되었습니다.

관련교과 초등학교 사회 5-2 1. 옛 사람들의 삶과 문화
3) 민족 문화를 지켜나간 조선
위　　치 경기도 광주시 중부면 산성리
전화번호 (031)743-6610
홈페이지 https://www.gg.go.kr/namhansansung-25
교　　통 8호선 남한산성입구역
이용요금 무료

체험 Tip

- ▶ 해발 522m에 위치한 남한산성의 성곽 일주 거리는 약 7.1km입니다. 남문~영춘정(0.7km)~수어장대(0.3km)~서문(0.6km)~북문(1.1km)~동장대터(1.6km)~동문(1.1km)~남문(1.7km) 코스이며 총 산행 시간은 약 1시간 40분(속보, 4.26km/h)입니다. 구간별 코스 특성을 살펴보고 성곽 일주 계획을 잘 세워 체험해 보세요! (3시간 이상 여유 있게 감상하며 걸어도 좋아요.)
- ▶ 남한산성은 경기도 광주시 중부면 남한산의 해발 460미터나 되는 고원지대에 자연적으로 형성된 요새지로 1971. 3. 17. 도립공원으로 지정된 곳입니다. 등산로를 탐방하며 소나무 숲에서의 거대한 자연의 아름다움을 직접 느껴보고 남한산성의 역사와 문화를 몸소 체험하도록 합시다!

준비하기

체험 출발 전 조사하기

▶ 민족자존의 역사와 수려한 자연환경을 간직하고 있는 남한산성 탐구

- 우리 민족사의 중요 요충지로서의 남한산성의 역할 조사하기
- 남한산성의 역사적, 자연적, 문화적 가치 탐구하기
- 남한산성과 관련 있는 인물 조사하기(온조, 인조, 효종, 숙종, 영조, 정조)
- 남한산성 성곽 문화재 각각의 역할·가치 조사하기
- 남한산성 등산로 코스와 그 특징 살펴보기
- 남한산성의 자연환경과 산성축제 알아보기
- 삼전도의 굴욕, 삼전도 비의 역사에 대해 알아보기

▶ 참고 누리집 사이트 안내

관련 체험 장소 소개

- 남한산성국립공원 https://www.gg.go.kr/namhansansung-2

이런 장소예요

▶ 역사가 살아 숨 쉬는 남한산성

서울을 지키는 외곽에 4대 요새가 있습니다. 북쪽의 개성, 남쪽의 수원, 서쪽의 강화, 동쪽의 광주였습니다. 동쪽의 광주에는 남한산성이 있으며 광주산맥의 잘 정돈된 산길을 따라 20여 분 올라가면 해발 490m의 산세와 아름다운 굴곡을 따라 병풍처럼 둘러쳐진 야트막한 성곽을 만납니다. 성벽에서 내려다보면 멀리 서울 시내와 성남시가 훤히 눈에 들어옵니다.

▶ 남한산성과 삼전도의 굴욕

불과 350여 년 전, 인조는 이곳에서 끝내 청군에게 무릎을 꿇어 수치스러운 역사의 주인으로 남았습니다. 1667년 1월 30일, 인조는 세조와 신하 500여 명을 이끌고 남한산성 문을 나와, 삼전도에서 청나라 황제 앞에 '삼궤구고두'(세 번 절하고 아홉 번 머리를 조아리다)를 하며 굴욕적인 항복을 했습니다. 청나라 황제는 인조의 항복을 받고, 삼전도 비를 세우게 하였습니다.

▶ 남한산성과 문화재

수어장대는 남한산성의 서쪽 주봉인 청량산 정상부에 세워져 있으며 경기도 유형문화재 제1호로 지정되어 있습니다. 이 건물은 남한산성의 지휘 및 관측을 위한 군사적 목적에서 지어진 누각입니다. 숭열전은 경기도 유형문화재 제2호로 지정·보호되고 있으며, 백제의 시조 온조왕과 산성 축성 당시 책임자였던 이서의 영혼을 함께 모시고 음력 9월 5일 제사를 모시는 사당입니다. 행궁은 도성 안의 궁궐이 아니라 임금이 거동할 때 머무는 별궁 또는 이궁을 말합니다.

수어장대

숭열전

행궁

▶ 만해기념관

남한산성은 조선의 선비정신과 불교의 호국정신이 함께 어우러진 유서 깊은 사적입니다. 청나라에 인질로 잡혀가 갖은 고초를 겪으면서도 끝내 조국을 염려하며 지조를 지켰던 삼학사의 정신이 이를 말해 줍니다. 몇 년 전 이곳 남한산성 중턱에 '만해사상연구소'가 들어섰는데, 그래서 더욱 어울리는 일입니다. 만해사상연구소는 3·1정신과 일제 저항의 상징으로 꼽히는 만해 한용운의 자취와 정신을 연구하는 곳입니다.

활동지

20　　년　　월　　일　　요일　　(　　　)학년(　　　)반(　　　)번 이름(　　　　　　　)

▶ 내가 체험한 남한산성 등산로를 아래 지도에 표시해 보고, 내가 들른 장소에 O해 봅시다.

▶ 병자호란의 원인과 결과에 대하여 알아보고, 병자호란의 결과로 인하여 남한산성에서 있었던 일에 대하여 써 봅시다. 그리고 어떤 생각과 느낌이 드는지 써 봅시다.

	조 사 내 용
병자호란 원인	
병자호란 결과	
남한산성에서 일어난 일	
느낀 소감	

수원 화성

조선시대의 성 수원화성은 조선 22대 임금 정조가 아버지 사도세자에 대한 효심과 왕권 강화를 위한 수도 이전을 목적으로 쌓은 성입니다. 성곽을 석재와 벽돌을 섞어 쌓은 점, 거중기와 녹로 등 새로운 기기를 사용한 점, 화살과 창검, 총포 등을 방어하는 근대적 성곽 구조를 갖추고 있는 점 등에서 과학적이고 독창적인 당대 최고의 건축물로 평가받고 있는 동시에 우리나라 성곽 건축의 백미로 꼽힙니다. 효심에서 근본이 되어 당파정치 근절과 왕도정치의 실현 그리고 국방의 요새로 활용하기 위해 쌓은 화성은 과학적이고 합리적이며 실용적인 구조를 갖고 있어서 1997년 유네스코 세계문화유산으로 등재되었습니다.

관련교과	초등학교 사회 5-2 1. 옛 사람들의 삶과 문화 3) 민족 문화를 지켜나간 조선
위 치	경기도 수원시 팔달구 행궁로 11
전화번호	(031)228-2621
홈페이지	http://www.swcf.or.kr/
교 통	수원역 4번 출구, 버스 이용
이용요금	성인 1,000원, 청소년 및 군인 700원, 소인 500원(수원 시민 무료)

체험 Tip

▶ 조선 성곽 건축의 꽃이라 불리는 수원화성은 실학의 발달, 국왕의 애민정신, 거중기 등의 과학 발전 등이 모두 어우러진 곳입니다. 수원화성을 직접 방문하여 체험하면서 영조와 정조 시기의 사회 발전을 몸소 느껴보도록 합시다!

▶ 수원화성뿐만 아니라 화성행궁, 수원박물관, 수원화성박물관을 모두 통합하여 관람할 수 있습니다. 또한 민속전통체험, 3D 애니메이션 관람, 화성열차, 국궁체험, 효원의 종 타종, 뒤주체험 등을 체험할 수 있으니 사전에 잘 알아본 후 이용할 수 있도록 합시다!

▶ 수원화성에 대한 이해·감상·체험의 기회를 제공하기 위하여 역사·문화·예술·자연 등 수원시 전반에 대한 전문적인 해설을 제공하고 있으니 사전 온라인 신청 및 현장 신청을 활용하여 더 넓은 체험의 장이 되도록 해 보아요!

준비하기

체험 출발 전 조사하기

▶ **성곽의 꽃, 수원화성 탐구**

- 수원화성 안내도를 보며 수원화성의 전체적 구성 살펴보기
- 수원화성이 생기게 된 배경 이해하기
- 수원화성을 건축할 당시의 시대 상황 살펴보기
- 수원화성 축성 시의 과학 발전 조사하기
- 수원화성의 역사적 의의 탐구하기
- 화성행궁의 시설물 및 역사적 의의 살펴보기

▶ **참고 누리집 사이트 안내**

관련 체험 장소 소개

- 수원문화재단 http://www.swcf.or.kr/
- 수원박물관 http://swmuseum.suwon.go.kr/
- 수원화성박물관 http://hsmuseum.suwon.go.kr/

이런 장소예요

▶ 조선 성곽 건축의 꽃, 수원화성

수원화성은 정조의 효심이 축성의 근본이 되었을 뿐만 아니라 당쟁에 의한 당파정치 근절과 강력한 왕도정치의 실현을 위한 원대한 정치적 포부가 담긴 정치구상의 중심지로 지어진 것이며 수도 남쪽의 국방요새로 활용하기 위한 것이었습니다. 수원화성은 축조 이후 일제 강점기를 지나 한국전쟁을 겪으면서 성곽의 일부가 파손·손실되었으나 1975~1979년까지 축성 직후 발간된「화성성역의궤」에 의거하여 대부분 축성 당시 모습대로 보수·복원하여 현재에 이르고 있습니다.

▶ 수원화성 둘러보기

연무대

서장대

서암문

서북공심돈

서남각루

수원화성에서는 화성 시설물 중 가장 위용 있고 평상시 군사들을 훈련하고 지휘하는 장대인 연무대를 비롯하여 서장대, 서암문, 서북공심돈, 서북각루, 서노대, 서남암문, 서남각루 등의 시설물을 만나볼 수 있습니다.

▶ 화성행궁

정조의 원대한 꿈과 효심이 느껴지는 화성행궁은 가장 큰 규모를 자랑하며 경복궁만큼 아름다운 궁궐로 손꼽힙니다. 사적 제478호 화성행궁은 1789년(정조 13년) 수원 신읍치 건설 후 팔달산 동쪽 기슭에 건립되었습니다. 수원부 관아와 행궁으로 사용되다가 1794년부터 96년(정조 18년~20년)에 걸쳐 진행된 화성축성 기간에 화성행궁을 확대하여 최종 완성되었습니다. 효성이 지극하여 부친 장헌세자(사도세자)의 원침인 현륭원(현재의 융릉)을 13차례나 찾았던 정조는 참배 기간 내 화성행궁에서 유숙하였습니다.

현재는 한류열풍을 이끌고 있는 다양한 사극의 촬영명소이자 매주 무예24기 시범공연, 장용영 수위의식 등 전통행사를 선보이고 있으며 궁중복식, 전통공예 등 다채로운 체험행사를 제공하고 있습니다.

활동지

20　　년　　월　　일　　요일　　　(　　　) 학년 (　　　) 반 (　　　) 번　이름 (　　　　　　　)

▶ 다음 수원화성 안내도를 보면서 내가 관람했던 길을 표시하여 봅시다. 그리고 가장 인상 깊었던 장소에 동그라미를 하고, 그곳의 특징을 조사하여 써 봅시다.

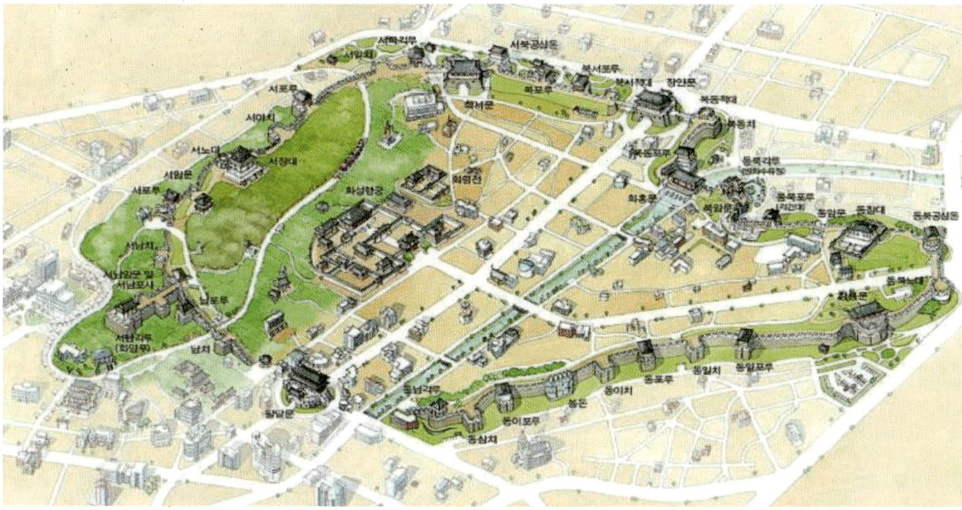

▶ 수원화성은 유네스코 세계문화유산으로 지정되었습니다. 어떤 점으로 인하여 세계문화유산으로 지정되었는지 그 우수성에 대하여 써 봅시다.

다산 유적지

경기도 남양주시에 있는 다산 정약용 선생의 유적지로, 유적지 내에 그의 생가인 여유당(與猶堂)과 선생의 묘, 다산문화관, 다산기념관 등이 있습니다. 다산 정약용 선생은 이 마을에서 태어나 조선의 개혁을 시도하였으나 결국은 오랜 유배생활 끝에 고향인 이곳에서 숨을 거두었습니다. 유배생활 동안 목민심서, 경세유표 등 많은 저서를 남겨 조선 후기 최고의 실학자로 평가받고 있습니다. 다산문화관에는 많은 저서들에 대한 간단한 소개가 있으며, 다산기념관에는 수원성 축조 과정에 쓰였던 거중기, 녹로 그리고 유배생활을 했던 강진 다산초당의 축소 모형 등을 전시하고 있습니다.

관련교과	초등학교 사회 5-2 1. 옛 사람들의 삶과 문화 3) 민족 문화를 지켜나간 조선
위　치	경기도 남양주시 조안면 다산로747번길 11
전화번호	(031)590-2837
홈페이지	https://www.nyj.go.kr/culture/
교　통	중앙선 운길산역에서 하차, 다산유적지행 버스
이용요금	무료

체험 Tip

▶ 실학의 대가 정약용 선생의 혼이 있는 다산 유적지는 다산 정약용 선생이 태어나 말년에 다시 돌아와 여생을 보낸 곳입니다. 시대를 앞서간 선구자였던 다산 정약용 선생의 업적과 자취가 전시된 다산기념관, 다산 정약용 선생을 현대 시각으로 재조명해 보는 다산문화관 등을 함께 방문해 보아요!

▶ 다산 유적지 입구에 다산 선생의 얼이 느껴지도록 수원성 축조에 사용된 거중기 전시 및 동판에 선생이 집필하신 목민심서, 경세유표 등이 새겨져 있습니다. 다산 기념관 내에 들어서면 다산 선생의 일대기를 디오드라마로 연출하였으며, 생가에는 당시의 생활모습을 느낄 수 있도록 연출되어 있습니다. 다산 정약용 선생의 일대기, 사상, 업적, 그 당시의 시대적 배경 등에 대한 이해를 바탕으로 다산의 삶을 느껴보는 체험을 해 보아요!

준비하기

체험 출발 전 조사하기

▶ 다산 정약용 선생의 정취를 느낄 수 있는 다산유적지 탐구

- 낮은 담 너머로 백성들을 바라본 사람, 정약용의 삶에 대하여 조사하기
- 다산 정약용 선생의 업적과 저술서 알아보기
- 다산 정약용 선생이 살았던 당시의 사회적 배경 알아보기
- 실학의 형성시기와 특성, 정약용 선생 관련성 탐구하기
- 남양주 다산 유적지의 시설내용 및 전시물품 알아보기
- 다산 정약용 선생과 관련된 다양한 체험장소 조사하기

▶ 참고 누리집 사이트 안내

관련 체험 장소 소개

- 다산 유적지 https://www.nyj.go.kr/culture
- 다산문화제 http://www.nyjdasan.or.kr
- 다산유물전시관(전남 강진군 도암면 다산수련원길 33(만덕리 368))
- 실학박물관 www.silhakmuseum.or.kr

이런 장소예요

▶ 남양주 다산 유적지

남양주시 조안면 능내리에 위치한 다산 유적지는 나라의 부패를 꾸짖던 선생의 쩌렁쩌렁한 목소리와 꼿꼿하고 검소한 그의 생활이 그대로 보존되어 있는 생가 여유당, 이백 년 세월의 흐름 앞에 절로 고개 숙여지는 다산의 묘, 시대를 앞서간 선구자의 업적과 자취가 전시된 다산기념관과 다산을 현대적 시각으로 재조명해 보는 다산문화관이 있습니다. 한 걸음이면 뛰어넘을 것 같은 여유당의 낮은 담장에는 허물없이 백성들의 기쁨과 아픔을 함께하고자 했던 다산 선생의 마음이 담겨 있습니다.

▶ 다산 생가와 다산의 묘

유적지 입구에 들어서면 정면에 다산의 생가인 여유당이 고졸한 자태로 은근히 나그네를 유혹하지만 정작 발걸음을 재촉하게 되는 곳은 여유당의 오른편을 돌아 뒤편 동산의 다산묘소입니다. 다산은 여기서 세상을 떠났고 이 집 뒷산에 묻혔습니다. 생가 뒤 나지막한 언덕 위에 부인 풍산 홍씨와 함께 조용히 누워있는 다산선생은 여유당을 휘감고 도는 한강의 여유로운 흐름을 관망합니다.

▶ 다산기념관

다산기념관에는 다산의 친필 서한 간찰·산수도 등과 대표적 경세서인 「목민심서」 「경세유표」 「흠흠신서」 사본이 전시되어 있으며 특히 실물 크기의 4분의 1과 2분의 1 크기의 거중기와 녹로가 눈길을 끕니다. 97년 유네스코 선정 세계문화유산으로 등재된 화성(수원성)을 쌓을 때 역학적인 원리를 이용하여 무거운 물체를 들어 올리는 데 사용되어 백성들의 노고를 덜어주었던 거중기와 도르래의 원리를 이용해서 만든 일종의 크레인인 녹로는 바로 실학정신에 바탕한 다산의 설계로 제작된 기계입니다.

▶ 다산문화관

다산기념관 옆에 있는 다산문화관에는 다산이 설계한 배다리(舟橋)를 이용해 정조가 수원에 있는 아버지 사도세자의 묘소(顯隆園)을 참배하러 갈 때의 모습을 그린 능행도와 500여 권에 달하는 방대한 저술을 분야별로 기록하여 놓았으며 조금 더 자세한 자료를 알고자 할 경우에는 컴퓨터를 활용하여 검색할 수 있습니다. 영상실에서는 다산의 일생을 소개하는 약 25분 분량의 영상물이 자동으로 상영되고 있어 누구나 관람할 수 있습니다.

활동지

20　　년　　월　　일　　요일　　(　　) 학년 (　　) 반 (　　) 번　이름 (　　　　　)

▶ 다음 그림은 다산 정약용 선생과 관련이 깊습니다. 각 그림에 대하여 설명하는 글을 써 봅시다.

	내 용
	▶ 다산 정약용 선생 생가 여유당
	▶ 다산기념관
	▶ 다산문화관
	▶ 다산의 묘
	▶ 거중기

▶ 다산 정약용 선생의 다양한 업적을 조사하여 써 봅시다.

해미순교성지

서산 해미 여숫골 성지는 1866년(조선 고종 3) 병인박해(丙寅迫害) 이후 1882년(고종 19) 사이에 진행된 천주교 박해 때 충청도 각 고을에서 붙잡혀온 천주교 신자 1000여 명이 생매장당한 곳입니다. 당시 천주교 신자들을 해미읍성 서문 밖의 돌다리에서 자리개질 등으로 처형하였는데, 숫자가 너무 많아서 해미천에 큰 구덩이를 파고 모두 생매장하였다고 전합니다. 해미천 옆에 생매장당한 이름 없는 순교자들의 넋을 기리기 위하여 높이 16m의 '해미순교탑'이 건립되어 있습니다. 당시 죽음을 앞둔 천주교 신자들이 '예수 마리아'를 부르며 기도를 하였는데, 마을 주민들이 이 소리를 '여수머리'로 잘못 알아들어 이곳을 '여숫골'이라고 부르게 되었다고 전합니다.

관련교과	초등학교 사회 5-2 1. 옛 사람들의 삶과 문화 3) 민족 문화를 지켜나간 조선
위 치	충청남도 서산시 해미면 성지1로 13
전화번호	(041)688-3183
홈페이지	http://www.haemi.or.kr
교 통	서산공용버스터미널에서 해미행 시내/시외버스 이용
이용요금	무료

체험 Tip

▶ 우리나라 기독교 역사에서 많은 교인들은 구한말 전국적으로 극심한 박해를 받아 목숨을 잃었습니다. 그중에서도 바다를 통해 기독교가 일찍 들어왔던 서해안 내포 지방은 그 순교의 규모나 숫자 면에서 다른 지역과는 상상하기 힘들 정도로 큰 상처를 입고 무수히 많은 사람들이 죽어 나갔다고 합니다. 아픈 역사이지만 역사 속의 현장으로 떠나보아요!

▶ 1801년 신유박해, 1839년 기해박해, 1846년 병오박해, 1866년 병인박해 등 조선시대 천주교 탄압은 실로 가혹하기만 했습니다. 병인박해 때에만도 조정에 보고된 해미 진영의 천주교 신자 처결의 숫자가 1000여 명이 넘었습니다. 그런 아픈 역사를 간직하고 순교자들의 넋을 달래기 위해 세워진 곳인 해미순교성지! 역사에 대한 이해를 바탕으로 체험하는 시간을 가집시다.

준비하기

체험 출발 전 조사하기

▶ 자유로운 신앙을 위한 외침, 해미순교성지 탐구

- 천주교의 전래 과정 및 특징 살펴보기
- 조선 후기 나라에서 천주교를 금지한 까닭 살펴보기
- 신유박해, 기해박해, 병인박해에 대하여 조사하기
- 해미순교성지의 역사적 배경 이해하기
- 성지의 역사 및 순교성지 조사하기
- 성지순례에 대하여 알아보기

▶ 참고 누리집 사이트 안내

관련 체험 장소 소개

- 해미순교성지 http://www.haemi.or.kr/
- 천진암성지 http://www.chonjinam.org/intro.asp
- 신리순교성지

이런 장소예요

▶ 순교유적 해미순교성지

해미면 읍내리에 있는 해미순교성지는 다른 어떤 순교지보다 참혹했던 핍박의 적을 간직한 곳입니다. 천주교에 대한 박해가 심했던 정사박해(1797년)부터 병인박해(1866년)까지 수천 명이 넘는 무명 순교자를 배출했습니다. 1935년 서산 본당의 범 베드로 신부가 순교자 유해 일부와 유품 등을 발굴했고 1995년에 유해 발굴터인 원위치로 안장됐습니다. 순교자 유해는 별도로 보존 처리돼 보존되고 있습니다. 1975년에는 유해 발굴지 인근에 높이 16m의 철근 콘크리트 조형물인 해미 순교탑이 세워졌습니다. 2003년 기념 성전이 건립돼 순교자들의 유해를 모셔놓고 있습니다. 이렇게 조성된 생매장 순교지 일대는 주민들의 입으로 '여숫골'이라는 이름의 땅이 되어 전국의 순례자들을 맞이하고 있습니다.

▶ 해미순교성지 둘러보기

자리개돌

진둠벙

무명순교자 묘

순교자 돌무덤

자리개돌 : 신자들을 돌다리에 잔인하게 매질하는 태형으로 순교케 한 돌다리

진둠벙 : 두 팔을 뒤로 묶인 채 끌려가던 교인들을 그대로 둠벙에 밀어 넣어 익사시켰다고 함.

무명순교자 묘 : 무명순교자들의 넋을 기리는 묘

순교자 돌무덤 : 순교자들을 다 기억하지는 못하지만 순교자의 숫자를 형상화한 것

▶ 해미순교성지 전경

활동지

20　　년　　월　　일　　요일　　(　　　)학년 (　　　)반 (　　　)번　이름 (　　　　　　　　　)

▶ 다음 그림은 해미순교기념관 외벽의 부조입니다. 그림 속 순교자들의 조각된 모습을 보고 어떤 상황이며 인물의 마음 등에 대하여 자유롭게 써 봅시다.

▶ 1866년부터 시작된 병인박해로 순교자들의 대부분이 희생되었는데 당시 시대적 상황과 함께 천주교 신자들의 사상에 대하여 조사하여 봅시다.

당진신리다블뤼주교유적지

당진신리다블뤼주교유적지는 내포 교회의 초기 공소가 있었던 곳으로 병인박해 때 다블뤼 주교, 오메트르 신부, 위앵 신부, 황석두 등이 체포되어 순교한 곳으로 손자손을 비롯한 천주교의 성인 5명이 관련된 유적입니다. 다블뤼 주교는 제5대 조선교구장으로 신리공소는 실질적인 조선교구청이었던 셈입니다. 공소 건물은 원래 손자손의 생가로 보수공사 때 확인된 건축연대는 1815년인데 1964년 새롭게 복원되었습니다. 병인박해 때 순교한 32인의 순교자가 안장되어 있습니다. 최근 천주교단의 정비 사업이 활발하게 진행되면서 순례 관광의 명소가 되었습니다.

관련교과 초등학교 사회 5-2 1. 옛 사람들의 삶과 문화
3) 민족 문화를 지켜나간 조선
위　치 충남 당진시 합덕읍 신리
전화번호 (041)350-3581~4
홈페이지 http://www.cha.go.kr/
교　통
이용요금 무료

체험 Tip

▶ 도지정 기념물 제176호인 당진신리다블뤼주교유적지는 제5대 조선교구장 다블뤼 주교가 거처하던 곳이며 신리는 천주교 탄압기에 가장 중요한 교우촌으로 인식되었다고 합니다. 천주교의 탄압기 역사를 느껴볼 수 있는 신리로의 체험을 떠나 보아요!

▶ 조선에서 가장 큰 교우마을이었으며 선교사들의 비밀 입국처이기도 했던 그곳, 한국의 천주교 전파에 지대한 영향을 끼친 당진신리다블뤼주교유적지에 대한 이해를 바탕으로 몸소 체험하는 시간을 가집시다.

준비하기

체험 출발 전 조사하기

▶ 천주교 유적지, 당진신리다블뤼주교유적지 탐구

- 천주교의 전래 과정 및 특징 살펴보기
- 조선 후기 나라에서 천주교를 금지한 까닭 살펴보기
- 신유박해, 기해박해, 병인박해에 대하여 조사하기
- 신리성지의 역사적 배경 이해하기
- 성지의 역사 및 순교성지 조사하기
- 성지순례에 대하여 알아보기

▶ 참고 누리집 사이트 안내

관련 체험 장소 소개

- 해미순교성지
  http://www.haemi.or.kr/
- 천진암성지
  http://www.chonjinam.org/intro.asp

이런 장소예요

▶ 당진신리다블뤼주교유적지

신리순교성지는 충청남도 기념물 제176호(다블뤼 주교 유적지)로 당진군 합덕읍에 위치합니다. 다블뤼 주교는 파리 외방 전교회 소속으로 조선 교구 제5대 교구장을 지냈으며 1845년 7월 하순 상해로 가서 그해 10월에 한국 교회 최초의 방인 사제 김대건 신부와 함께 한국에 입국한 이래 주로 내포 지역을 중심으로 활동하였습니다. 또한 한국 순교사와 교회사 자료를 수집하고 이를 바탕으로 유명한 다블뤼 주교의 "비망기(備忘記)"를 이곳 신리에서 작성하였습니다. 1863년 주교의 거처에 화재가 발생하여 오랫동안 수집해 놓았던 귀중한 자료들이 타 버리고 말았지만, 다행히 다블뤼 주교가 그 전에 이미 순교사와 교회사를 정리하여 프랑스로 보냈기에 달레의 "한국 천주교회사" 두 권이 나오게 되었다고 합니다.

다블리 주교는 1866년 베르뇌 주교에 이어 3월 11일 신리에서 1km 떨어진 거더리에서 붙잡혀 옥중에서 고문을 받고 충청남도 보령의 수영(갈매못 해변)으로 압송돼 3월 30일 성 금요일에 참수됐습니다. 베르뇌 주교를 도와 9년 동안을 부주교로서 그리고 주교의 순교 후 조선 교구의 제5대 주교가 된 지 21일 만에 장엄하게 순교하였습니다. 그 후 그는 1968년 10월 6일 교황 바오로 6세에 의해 로마의 성 베드로 대성당에서 복자위에 올랐고 1984년 5월 6일에는 한국 천주교 전래 200주년을 기념하기 위해 방한한 교황 요한 바오로 2세에 의해 여의도에서 시성되어 성인품에 올랐습니다.

▶ 당진신리다블뤼주교유적지 이모저모

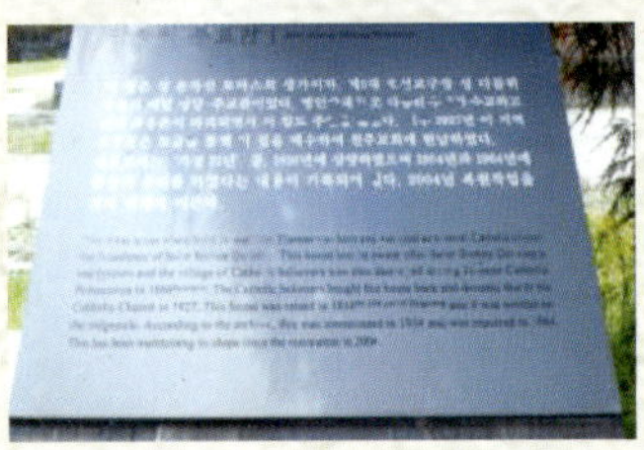

활동지

20 년 월 일 요일 ( ) 학년 ( ) 반 ( ) 번 이름 ( )

▶ 다음 사진 속 인물에 대하여 조사하여 봅시다.

▶ 다음 단어들을 모두 사용하여 조선 후기의 사회·문화 모습에 대하여 설명하여 봅시다.

병인박해	천주교	병인박해	병인박해

실학박물관

실학박물관은 조선 후기 개혁과 자아 탐구의 원동력이었던 실학에 대한 자료의 수집·연구·전시와 체험교육 등을 통해 경기도의 정체성을 확립하고, 신실학의 새로운 문명의식을 키워 21세기의 글로벌 세계와 호흡할 수 있는 변화를 창조하는 Eco-Museum입니다.

상설전시실에서는 실학의 형성과 그 전개, 천문과 지리 등 실학사상 전반을 체계 있게 보여주고 있으며, 해마다 두 차례에 걸쳐 특별전시회를 개최하고 있습니다. 실학의 역사와 문화를 밝히는 조사·연구사업, 실학자들이 남긴 소중한 문화유산을 수집·보존·관리하는 사업도 중요한 일입니다. 또한 어린이와 가족·청소년·공직자와 단체가 참여하는 실학교실, 실학캠프, 실학여행 등 다양한 문화체험교육 프로그램도 운영하고 있습니다.

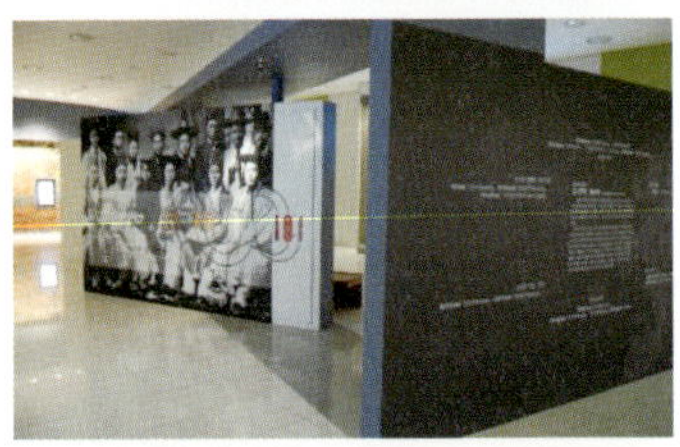

관련교과 초등학교 사회 5-2 1. 옛 사람들의 삶과 문화
3) 민족 문화를 지켜나간 조선
위 치 경기도 남양주시 조안면 다산로747번길 16
전화번호 (031)579-6000
홈페이지 http://www.silhakmuseum.or.kr/
교 통 중앙선 운길산역에서 하차, 다산유적지행 버스
이용요금 성인 4,000원, 소인 2,000원

체험 Tip

▶ 실학이 살아 숨 쉬는 박물관은 실학자들의 삶과 실사구시의 정신을 직접 만나볼 수 있는 곳입니다. '조선 후기 개혁과 자아 탐구의 동력이었던 실학을 통해 한국의 정체성 찾기' 및 '실학문화의 체험으로 21세기 자아의 세계화를 선도할 수 있는 열린 박물관 지향하기'를 비전으로 운영하고 있는 박물관을 직접 방문하여 체험해 보아요!

▶ 남양주 실학박물관은 '교육과 체험으로 만나는 실학'을 주제로 주말 평일 어린이·가족단위 관람객을 대상으로 한 교육·체험프로그램을 진행합니다. 홈페이지를 방문하여 프로그램 일정을 확인하고 참여할 수 있도록 합니다. 상설전시와 특별전시로 나누어 운영되고 있으며 상설전시는 1·2·3 전시실에서는 각각 실학의 형성과 탄생·전개·실학과 과학을 주제로 운영되고 있습니다. 주제에 따라 실학에 대하여 자세히 탐구해 보도록 합시다!

준비하기

체험 출발 전 조사하기

▶ 실학자들의 삶과 정신이 녹아있는 실학박물관 탐구

- 실학이 탄생하게 될 당시의 시대적 배경 조사하기
- 실학과 관련 있는 인물 탐구하기
- 실학박물관 구성 및 전시내용 살펴보기
- 실학과 과학 발전과의 관련 탐구하기
- 문학, 회화, 지도에 담겨 있는 실학 탐구하기
- 실학과 관련된 다양한 체험 장소 조사하기

▶ 참고 누리집 사이트 안내

관련 체험 장소 소개

- 실학박물관 www.silhakmuseum.or.kr
- 다산유적지 http://www.nyj.go.kr/dasan/index.jsp

이런 장소예요

▶ 상설전시- 제1전시실

"조선 후기 변화상과 서양 문물의 전래 등 실학의 형성배경을 역동적으로 구성"

제1전시실은 조선 후기 실학의 형성과 탄생을 임진왜란·병자호란 이후 개혁과 농·상공업의 발전으로 변화된 조선사회의 모습과 중국·일본으로부터 수용된 서양문물 등에서 실학의 형성과정을 찾도록 했습니다. 또 실학의 탄생에서는 실학의 선구 역할을 한 여러 실학자들의 사상을 통해 18세기 실학이 발전할 수 있는 기반이 어떻게 형성됐는지를 보여 주고 있습니다. 특히 실학의 출발로 평가되고 있는 반계 유형원의 '반계수록'을 중심으로 초기 실학자들의 사회·경제 문제에 대한 개혁론을 조명하고자 했습니다.

▶ 상설전시- 제2전시실

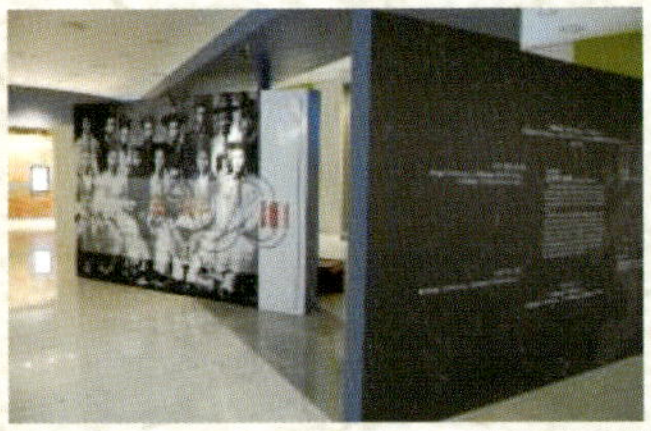

"초·중등 교과서와 연계한 전시 구성"

제2전시실은 성호 이익에서 출발하는 실학을 중농학파, 중상학파, 실사구시파로 나누고 각 학파에 속하는 실학자들의 저술과 함께 초·중등학교 교과서 전 과목에서 실학 관련 내용을 추출·정리했습니다. 또 이를 회화·그림·애니메이션·영상 등 보조 자료를 적극 활용해 학생들의 눈높이에 맞춰 실학을 이해할 수 있도록 구성했습니다. 특히 실학시대의 자아 발견을 전시·소개하는 '조선학'에서는 이를 역사·지리·언어생활·백과사전으로 세분해 소개하였습니다.

▶ 상설전시- 제3전시실

"실용적이고 근대적인 실학시대의 과학문화 전시"

제3전시실은 실학의 특징 중에서도 과학이라는 주제를 부각시켰습니다. 서양과학을 적극적으로 수용한 실학자들이 당시 천문학과 지구의 자전 문제, 구형의 지구에 대한 이해를 어떻게 하고 있었는지 각종 천문도와 천문관측기구, 마테오 리치의 곤여만국전도, 정상기·김정호의 동국지도와 대동여지도를 통해 볼 수 있도록 꾸몄습니다.

활동지

20　　년　　월　　일　　요일　　(　　) 학년 (　　) 반 (　　) 번 이름 (　　　　　　)

▶ 실학이 어떤 학문인지, 실학과 관련된 인물과 그 업적에 대하여 조사하여 써 봅시다.

▶ 실학박물관의 전시실(제1·2·3전시실)을 방문하여 체험한 내용을 기록해 봅시다.

	체 험 내 용
 〈제1전시실〉	▶ ▶ ▶
 〈제2전시실〉	▶ ▶ ▶
 〈제3전시실〉	▶ ▶ ▶

실학생태공원

남양주시는 2012년 국토교통부 주관으로 생태복원을 위한 4대강 한강 살리기사업과 경기도 팔당수질개선본부&신세계 간 MOU를 맺은 팔당 수질개선사업으로 조안면 능내리 일대에 16만 7천㎡ 규모의 다산생태공원을 조성했습니다. 이 공원은 조안(鳥安)이란 지명처럼 동물에게 아늑한 보금자리를 제공하고, 팔당호를 한눈에 조망할 수 있는 전망대를 비롯하여 억새 길이 아름다운 풍광을 자아내어 주말에는 하루 1000여 명 이상 방문하는 도시인의 휴식처로 변모했습니다. 또한 실학박물관이 인접해 있어 정약용 선생의 삶과 실학사상을 배울 수 있고, 9~10월경에는 다산문화제도 볼 수 있으며, 다산이 경작하던 채마밭도 체험할 수 있어 생태·역사·문화를 한번에 경험할 수 있는 친환경 네트워크가 구축되었습니다.

관련교과 초등학교 사회 5-2 1. 옛 사람들의 삶과 문화
3) 민족 문화를 지켜나간 조선

위 치 경기도 남양주시 조안면 능내리

전화번호

홈페이지

교 통 중앙선 운길산역에서 하차, 다산유적지행 버스

체험 Tip

▶ 다산유적지, 실학박물관이 있는 마재마을 아래쪽 한강변에 조성되어 있는 실학생태공원은 생태·역사·문화의 네트워크가 구축된 곳입니다. 실학박물관이 인접해 있어 정약용 선생의 삶과 실학사상을 배울 수 있고, 9~10월경에는 다산문화제도 볼 수 있으며, 다산이 경작하던 채마밭도 체험할 수 있어 생태·역사·문화를 한번에 경험할 수 있습니다. 남양주시의 실학생태공원에 방문하여 조선 후기의 역사와 문화를 몸소 체험하여 보아요!

▶ 실학생태공원은 최근에 아름다운 경치를 배경으로 각종 방송국의 촬영지로도 주목받고 있습니다. 한강변 전망대에 올라 팔당호를 바라보며 확 트인 전경의 시원함과 아름다움을 직접 경험해 보도록 해요!

준비하기

체험 출발 전 조사하기

▶ **실학자들의 삶과 정신이 녹아있는 실학박물관 탐구**

- 실학생태공원 조성 시기 및 조성 배경 알아보기
- 도시인의 휴식처로서의 실학생태공원의 가치 알아보기
- 실학생태공원의 역사적 가치 탐구하기
- 실학생태공원 관련 체험 장소 조사하기
- 실학생태공원과 관련 있는 인물 탐구하기

▶ **참고 누리집 사이트 안내**

관련 체험 장소 소개

- 실학박물관 www.silhakmuseum.or.kr
- 다산유적지 http://www.nyj.go.kr/dasan/index.jsp

이런 장소예요

▶ 생태·역사·문화가 어우러진 실학생태공원

실학생태공원은 연못과 실개울을 따라 형성된 수변·수생식물이 인근 능내 하수처리장의 방류수를 2차 정화하여 깨끗한 수질로 개선한 곳입니다. 상수원보호구역과 그린벨트로 묶여 개발이 제한됨으로써 오히려 무허가 건물과 포장마차가 난립하여 수도권 상수원인 팔당호 수질이 악화하는 결과를 초래한 이 지역에 생태복원이 이루어짐에 따라 천혜의 자연환경과 다산유적지를 토대로 생태·역사·문화가 어우러진 물 환경생태도시 구축의 발판이 되고 있습니다.

▶ 문화·여가 공간으로의 실학생태공원

실학생태공원은 신세계가 사회공헌 사업의 하나로 남양주시 다산지구에 생태습지와 연못, 조망대와 보행교량 등을 조성해 경기도에 기부한 것입니다. 다산 정약용이 거닐던 풍요로운 사계절을 회복하여 그 시대 정취를 느낄 수 있도록 조성했습니다. 옛 골 습지 복원으로 수질을 개선하고 수변습지영역과 연계해 수변공원도 만들었습니다. 공간마다 자연물을 활용한 체험 프로그램이 마련되어 방문객들에게 새로운 재미를 줄 수 있을 것으로 기대됩니다. 다산 정약용 탄생 250주년을 기념하여 준공된 실학생태공원은 기존의 다산유적지와 더불어 많은 관광객들에게 다양한 볼거리와 체험의 장이 될 것으로 보입니다. 팔당호를 따라 난 산책길은 이곳의 경관을 둘러보기에 좋은 아름다운 길로 자연과 잘 어우러져 있습니다.

▶ 실학생태공원의 모습

활동지

20　　년　　월　　일　　요일　　(　　) 학년 (　　) 반 (　　) 번　이름 (　　　　　)

▶ 실학생태공원은 어떤 곳인지, 어떤 점에서 가치 있게 평가되는지 써 봅시다.

▶ 실학생태공원으로 초대하는 홍보물을 만들어 봅시다.

♣ 감 수

경인교육대학교 사회교육과 교수 이동원

춘천교육대학교 사회교육과 교수 김정인

♣ 저 자

대련한국국제학교 교사 김현진

인천첨단초등학교 교사 최미란

인천용현초등학교 교사 박세희

인천석암초등학교 교사 배수진

인천경원초등학교 교사 이복음

인천서화초등학교 교사 송민영

교과서로 만나는

역사체험 이야기2

2019년 9월 10일 1쇄 인쇄
2019년 9월 20일 1쇄 발행

저 자 : 초등역사교육연구회
발행인 : 한 정 주
발행처 : 교육과학사

저자와의 협의하에 인지생략

경기도 파주시 광인사길 71
전화(031)955-6956~8/팩스(031)955-6037
Home-page : www.kyoyookbook.co.kr
E-mail : kyoyook@chol.com
등록 : 1970년 5월 18일 제2-73호

낙장 · 파본은 교환해 드립니다.
Printed in Korea.

정가 10,000원
ISBN 978-89-254-1422-5
ISBN 978-89-254-1420-1(세트)